中华先烈人物故事汇

何叔衡

主 编
张树军

副主编
王相坤

编 著
徐玉凤

学习出版社

目 录
Contents

引 子

在中国共产党的历史上，有这样一位著名烈士。

他是前清秀才，也是中国同盟会会员，还是中国共产党党员，无产阶级革命家。

他是中国共产党创建时期的老党员，是党的一大代表中年龄最大的。

他是中国共产党在中央革命根据地局部执政时期检察、司法事业的领导人，是党的首任"大法官"。

他以近六旬高龄留守在中央红军长征后的中央苏区坚持斗争。

他在被敌人包围时为掩护战友突围而跳下山崖，壮烈牺牲。

他，就是中国共产党的优秀党员——何叔衡。

何叔衡（1876—1935），湖南宁乡人。原名启璿，字玉衡，号琥璜，学名瞻岵，中国共产党创建时期的党员。1902年参加科举考试，得中秀才。而后，拒绝担任清朝县衙任命的官职，在家乡的私塾、学堂以教书为生。1911年辛亥革命时带头剪辫，并在任教的云山学堂开展教学改革。1913年考入湖南省立第四师范学校，1914年因学校合并，转入湖南省立第一师范学校，在此与毛泽东成为好友。1914年毕业后，在长沙教书。1918年与毛泽东、蔡和森等人创办新民学会。1919年五四运动时参加领导湖南群众的反帝反封建斗争，与毛泽东一起领导了湖南驱逐张敬尧的运动。在此期间，在湖南协助毛泽东创办文化书社、俄罗斯研究会，大力宣传马克思主义。1921年在上海参加了中国共产党第一次全国代表大会。之后，回湖南参加建立湖南地方党组织，任中共湘区委员会委员。组织湖南自修大学，培养革命人才。第一次国共合作时期担任国民党湖南省党部第一届执行委员会委员，组织开展工农运动，配合北伐战争。大革命失败后，1928年赴莫斯科中山大学学习。1930年回国，在上海参加地下斗争，担任全国互济会主要负责人，营救被捕的革命同志。1931年赴中央革命根据地，担任中华苏维埃共和国临时中央政府中央执行委员会委员，中央政府工农检察部部长，内务部代理部长，中央政府临时法庭主席。1934年中央革命根据地第五次反"围剿"失败，中央红军主力被迫撤出根据地进行长征，何叔衡留在根据地坚持斗争。1935年2月在福建英勇牺牲，时年59岁。

01 拒任清廷官职的穷秀才

何叔衡是中国共产党创建时期的党员，还是封建清王朝的秀才，这两个身份，结合在一个人身上，这其中有着深层次的原因。而何叔衡在考取秀才之后，拒绝清朝地方政府任命，宁愿在乡村教书谋生，正是体现了他不与腐败落后的封建王朝同流合污，追求社会进步、人民幸福的远大理想。

1876年5月27日，正值清光绪二年农历五月初五，这天正是中国传统节日端午节，何叔衡诞生在一个美丽而又偏僻闭塞的小山村——湖南省宁乡县杓子冲。

何叔衡出生的那个年代，由于资本主义列强侵略和封建王朝腐败落后，天灾人祸连年不断，中国广大农村经济凋敝、残破不堪，人民生活困苦。杓子冲为数不多的几户人家，也是缺吃少穿，过着饥寒交迫的生活。何叔衡家是一个典型的农民家庭，未分家时，全家三代同堂，叔伯兄弟共有40多口人，依靠十二三亩田地维持微薄的生活。

何叔衡的出生给这个贫穷的家庭带来了欢乐，而且按照当时宁乡流传的被纯朴的老百姓深信不疑的迷信说法，何叔衡的出生自带福气，因为他的出生日是五月端午，"男子要五（午）不得五，逢五就有福"，生日逢五是很难的，是很有福气、会给人带来幸运的。而何叔衡呢，生于五月初五，不但逢五，而且有两个"五"，他在堂兄弟中排行第五，这就有了3个"五"。因此，亲朋好友们都认为他"八字"好，将来一定会有出息，纷纷前来祝贺。

何叔衡的父亲也相信这些说法，于是节衣缩食，省出钱来供他读书。在当时贫困的家庭中，何叔衡难得有了受教育的机会。后来，何叔衡曾对女儿实山、实嗣说起他小时候读书的事情："我读了书，我的两个姐姐、两个哥哥和一个弟弟几乎一天书也没有读，都是文盲。我是靠你们几个伯伯叔叔的劳动才读成书的。书都由我一个人读了。"

从 12 岁起到 22 岁，何叔衡除中间有两年在家种地外，共读了 8 年私塾。他在读私塾期间，非常用功。经常利用空余时间读书写字，甚至把上山下地帮家人做农活的时间也利用起来学习。有时他同父亲一起上山砍柴，中间休息时，就利用随手捡到的木棍、树枝在地上写字。有时在家做饭烧火，他就用火钳子在灰中写字。有一天晚上，何叔衡和父亲在一起睡觉，父亲从睡梦中醒来，发觉大腿上有类似跳蚤的东西在爬，于是用力一按，结果，按到的却是何叔衡的手。原来，何叔衡并未睡觉，他正在父亲腿上练习白天在学堂学的生字。父亲见儿子如此好学，非常高兴，特地为儿子买了一个小墨盒。何叔衡非常喜欢这个小墨盒，总是随身带着。一次，他到外公家拜年，到了吃饭的时候，大家却找不到何叔衡了。全家人四处寻找，终于在楼上找到了，原来，他正在那里聚精会神地读书写字。还有一次，何叔衡跟姐姐一起在家，姐姐纺纱，何叔衡在灯下写字。突然，姐姐闻到一股烧焦的味道，以为是自己纺的纱被火烧了，连忙停下来去看，结果发现是何叔衡写字的桌子底下正冒烟。原来，由于天气寒冷，姐弟俩在桌子下面烧了几块火炭取暖。当时何叔衡由于全神贯注于读书写字，竟没有发现自己的裤脚被火烧着了。

这期间，塾师姜方谷对他影响很大。这位姜老师曾在外地做过小官，眼界比较开阔，学识也比较渊博，他为人正直，不随流俗，不满意清政府对外屈膝投降。当时，正值中日甲午战争不久，腐败无能的清政府惨遭失败，派李鸿章赴日求和，签订了丧权辱国的《马关条约》，中国被迫割让台湾岛及其附属各岛屿、澎湖列岛给日本，向日本支付2.3亿两白银巨额赔款，日本还得到西方列强在中国已有的一切特权。这次战败给中国带来巨大震动。从前，中国还只是被西方大国打败，这次，竟被东方的小国日本打败了，而且败得极惨。国之殇，民之痛。落后挨打，让人痛彻肺腑。

极具民族自尊心的姜方谷老师目睹国事日非，在给学生上课时，经常用历史上民族英雄的事迹启发学生的爱国思想，激励学生的爱国热情。从古代史上岳母刺字、岳飞精忠报国的故事，到近代史上林则徐虎门销烟、三元里人民抗击英军等，都是姜老师讲课的内容。何叔衡在姜老师门下读书 4 年，不仅认真学习了四书五经等中国古代典籍，还阅读了大量的历代名著。而且在先生的启发引导下，他逐渐对当时的社会制度产生不平之感，同情广大贫苦人民，还曾经写下文章，反映这种思想。他在一篇名为《旱》的古体文中写道：

即旱以惟罕譬之，知虐政之为害深矣。夫旱，固亦伤仁爱者也，乃今日之虐民者竟如此，不可即旱以罕譬之乎？且今日之天下，一酷烈之天下也。其万姓之如炎如焚者，岂不甚于旱魃之为虐哉！顾无形之旱，民嗟荼毒，司牧者或不知草野之薰蒸，惟即有形之旱以显形之，则蕴隆致虫虫之慨，山川有涤涤之容，当必知此不为福矣。嗟嗟！何辜今之人而竟罹此酷烈之祸而不可逭也！

这篇文章缘起于 1895 年夏，适逢大旱，青黄不接，贫苦百姓没有饭吃，大量饥民成群结队乞讨。面对这般情景，姜方谷老师让学生们以《旱》

为题，撰写作文。何叔衡掩卷沉思，脑海中浮现出种种场景：烈日炎炎，骄阳似火，池塘干涸，禾苗焦枯，流浪饥民，沿街行乞，豪强官吏，横行乡里。想着这些，他提起笔来，把自己所思所想倾泻于纸上。这篇文章其实是一篇批判清政府暴政的檄文。

1902年，何叔衡26岁时，遵从父命参加科举考试，一举得中秀才。这个好消息一时轰动了整个小山村。

19年后，这位封建王朝的秀才在上海参加了党的一大，成为中国共产党创建时期的党员。历史的发展真是让人难以预料。这其中，有着不为常人所知的艰辛探索。而历史的偶然中又有必然，何叔衡拒绝担任封建王朝的官职，可以说是历史必然中的重要一环。

在清王朝，考中秀才就可以担任一定级别的小官吏了。这年11月，县衙门请他去管钱粮，并把任职书送到家里。在封建时代，这可是件能够给个人带来显赫地位、给家族带来无上荣耀的大好事，是多少人梦寐以求的。乡亲们纷纷前来祝贺。但何叔衡却深感"世局之汹汹，人情之愤愤"，拒不任职，宁愿在乡下种地、教书维持生计。

让何叔衡深感"汹汹"的时局是什么样呢？

当时，正值清朝末年，中国这个有着悠久历史和灿烂文化的东方大国在帝国主义列强坚船利炮的侵略下步履蹒跚地走入近代的大门。自1840年英国发动鸦片战争打开中国大门，成为中国历史的转折点之后，西方侵略者纷至沓来，穷凶极恶地发动一次又一次对中国的侵略战争，1856—1860年第二次鸦片战争，1884—1885年中法战争，1894—1895年中日甲午战争，1900年，英、美、法、德、俄、日、意、奥八国联军侵略中国。60余年来，列强对中国的侵略战争一直在持续，迫使清政府低头妥协，签订一个又一个不平等条约，割地、赔款，英国割去了香港，日本侵占了台湾，沙皇俄国攫取了中国东北、西北约150万平方公里的广袤领土，清政府支付战争赔款十几亿两白银，而当时清政府的财政收入每年不过8000多万两。中国一步步被推入半殖民地半封建社会的深渊，统治者对人民群众的压迫一步步加深，广大

人民群众生活在水深火热之中。

对于这样的时局，何叔衡这个生活在乡村的"穷秀才"看在眼里，痛在心里，当时，他还没有接触马克思主义，不可能用马克思主义的科学真理来解释这一切并给出答案。但他从自己学到的封建王朝治乱兴衰的历史出发，用汉唐盛世时中国的繁荣强盛来对比当时的现实，提出疑问，为什么历史前进了1000多年，子孙却还不如祖宗？这个问题萦绕在他的脑际，通过阅读《文章轨范》《高士传》等古代典籍，联系当时清政府统治下官吏横行、豪强肆虐，苛捐杂税层出不穷、人民生活极端困苦的社会现实，他找到了答案：归根结底是清朝政府的腐败。因此，他对当时的统治者反感到了极点。

他不愿与腐败无能、压迫百姓的统治者同流合污，宁愿在乡野之间做一介教师维持生活。因此，这个放着当官的"大好前程"不要的秀才，就被乡亲们称为"穷秀才"。同时，乡亲们也对这个"穷秀才"的正直和疾恶如仇颇为称道。

02

私塾先生到新学堂教师

　　既然何叔衡拒绝担任清王朝官职，那么他认为做什么更有意义呢？他选择成为一名教师，以服务乡民、开启民智为己任，先是教私塾，后来又任教于新式学堂。

　　何叔衡教过5年私塾。据曾在他的私塾读过3年书的宁乡老人刘华陔回忆，何叔衡收费比别的私塾先生低很多，"那时中了秀才的教私塾至少得八九十担谷一年，他得四五十担谷一年就满足了。我在别的先生那里读书，要出七八块光洋一年，在他那里读书，我拿出五块光洋，他还说不必交那么多。家里穷一点的学生，他只收一块到两块一年，也有个别的没有收过学费。他四书五经也教，但教得最多的是《楚辞》、唐诗、宋词，还讲岳飞、文天祥和鸦片战争、太平天国、八国联军的事，时常讲得流泪"。

何叔衡不像当时旧社会一般私塾教师一样总是端着架子，他和学生很合得来，总是鼓励学生努力读书。他对学生要求很严格，书背不下来，他就会发脾气。他对学生循循善诱，教导有方，喜欢家访，了解学生们的家庭情况，也经常邀请学生到他家里做客。学生和家长们都特别喜欢这位"穷秀才"好老师。

何叔衡的理想并不是仅仅做一名乡间教师，他要为中国社会寻求出路，为广大穷苦百姓寻求幸福，他深感自己知识不够，于是一面教私塾，一面抓紧自学。他学习的范围很广泛，传统的经史子集等经典，他都拿来细细揣摩。他尤其注重研究历史、地理和人生观问题，总是带着问题学习，注意研究总结中国古代盛世的治国经验，并与当时清末深受帝国主义列强侵略压迫的社会现实进行对比，力求通过阅读史书来寻找解决现实问题的答案。

实行千余年的封建科举制度越来越不适应时代

发展的要求，1905年，清朝政府正式下令，从1906年起，所有乡试、会试一律停止，各省岁科考试亦停止。传统的科举制度被废除，极大地促进了新式学堂的大规模兴办。

随着各地新式学堂的建立，1909年，何叔衡正式结束了他在私塾的任教生涯，受聘到离家50多里的云山高等小学堂任教。这个学堂的前身是云山书院，是清同治年间由地方士绅集资兴建的，与玉潭书院并称为宁乡两大书院。云山小学堂开设有读经、修身、国文、算术、历史、地理、格致、图画、英文、体操等课程。何叔衡担任高年级的国文、历史、地理教员。

当时，虽然清政府已经明令废科举、兴办新式教育，但在传统思想影响下，新式学堂招生比较困难。为了改变这种状况，何叔衡向校方提出3点建议：一是组织人员下乡宣传，讲解学堂比私塾、新学比旧学的好处，击破顽固势力的反动宣传；二是利用学堂租谷多的优越条件，降低对学生的收费标准，使贫困人家的子弟能够入学；三是延聘思想开明、有真才实学的教师来校任教，扩大学堂的进步力量。他向学堂推荐了谢觉哉、姜梦周等人，学校接受了他的建议。后来云山学堂得到兴旺发展，成为当地一所进步学堂，这与何叔衡的建议是分不开的。

03 秀才造反

何叔衡在乡间担任教师期间，受到孙中山的资产阶级革命思想以及后来新文化运动中民主自由思想的影响，参加并领导了一系列反抗封建势力的活动，被称为"秀才造反"。

当何叔衡在宁乡县读书、考中秀才，在乡间任私塾教师之时，我国资产阶级革命的先行者孙中山先生正在孜孜以求于推翻清政府的反动统治。1894年11月，孙中山在檀香山建立中国最早的资产阶级革命团体兴中会，提出"振兴中华"的口号和"驱除鞑虏，恢复中华，创立合众政府"的纲领。次年2月，成立香港兴中会，筹划在广州起义，不幸计划泄露，陆皓东等被捕牺牲。孙中山等流亡海外，先后在横滨、旧金山等地成立分会。1905年，与华兴会、光复会联合成立中国同盟会。同盟会成立后，孙中山把纲领阐发为民族、民权、民生三民主义，民族主义是三民主义的核心，主张"驱除鞑虏，恢复中华"，推翻清朝专制统治，反对民族压迫。资产阶级革命的潮流在中华大地蓬勃兴起。

在乡下的何叔衡也受了这股革命潮流的影响。他经常帮穷苦百姓说话，主持公道。1906年春，湖南省水灾严重，米价暴涨，宁乡县也受到灾害影响，米谷昂贵，饥民没有办法，集中起来去吃地主大户。官府不是想方设法赈济灾民，而是镇压吃地主大户的饥民。何叔衡对此愤愤不平。就在此时，同盟会会员刘道一和蔡绍南自日本回到湖南。他们与湖南醴陵、浏阳和江西萍乡一带的哥老会组织建立了联系，把这一带哥老会头目100多人组织起来，成立了洪江会。洪江会于同年组织了醴陵、浏阳、萍乡武装起义。随后，浏阳的洪福会首领姜守旦立即率部响应。武装起义爆发后，清政府大为恐慌，急忙调兵向起义军进攻，终将武装起义镇压下去。

从这次起义中，何叔衡受到很大启发，他从中看到了希望，看到了人民群众的力量。他在会党造反的影响下，邀集好友姜梦周、谢觉哉、王凌波、夏果雅以及堂弟何梓林等人，仿效会党形式，结拜为盟，以何叔衡为盟首，为乡亲们打抱不平。有一次，在何氏祠堂做长工的一个姓余的农民，因孩子饥饿，拿了祠堂一点稻谷，被族长抓住，竟要处以沉塘而死的刑罚。何叔衡听闻之后，立即邀集盟兄弟来到祠堂，救出了这个不幸的长工。何叔衡"秀才造反"的行为，令乡亲们十分敬佩。

这时，何叔衡小时候的玩伴、经常在一起放牛的堂弟何梓林在福建参加了同盟会。他经常给何叔衡寄来革命的书报，向他传递报道同盟会组织武装起义的消息，这促使痛恨清王朝腐败专制、祸国殃民而正找不到出路的何叔衡很快接受了孙中山的民主革命思想。

1911年10月10日，武昌起义爆发，湖南率先响应，宣布独立，脱离清王朝的统治。消息传来，何叔衡欣喜若狂，他开怀畅饮，带头剪掉了辫子，并在学校积极宣传同盟会的革命纲领，揭露清王朝反动腐朽、祸国殃民的罪行。11月4日，他高兴地专程回到杓子冲的家中，动员父亲、兄弟和邻居剪掉辫子，并向大家宣讲封建帝制的不合理及其必然灭亡的道理，宣传孙中山的革命主张，宣传同盟会的革命纲领。

1913年，何叔衡已经到了长沙读书，他还记挂着向家人传播新思想。家里仍然裹着小脚的妇女们成为他的"攻坚"重点，他连续3次写信回家，要全家女人放开小脚。但由于封建思想和习惯根深蒂固，当他暑假回到家中时，发现家中女人们并没有听他的话把脚放开。于是，他风趣地说，看来只动嘴动笔不行，还得要动手动刀才能解决问题。他让女儿把家中女人们的裹脚布都搜拢出来，拿出菜刀，把这些象征着封建专制统治的东西当场砍得稀烂，终于使得全家裹脚的女人都放了脚。

为动员更多妇女解放双脚，何叔衡还作了一首《放脚歌》：

妈妈包脚骆驼样，

眼泪流得脚布长。

痛伤心，心痛伤，

日夜痛得喊爹娘。

行一步，摇三摇，

摇一摇，晃一晃。

走起路来像残疾，

摇摇摆摆出洋相。

快学何家闺女样，

大手大脚好姑娘。

　　1912年元旦，中华民国成立，孙中山就任临时大总统。不久，清帝宣布退位。何叔衡心情十分振奋，他决心在云山学堂开展教学改革，树立新的学风，使之符合民国的要求。他与谢觉哉、姜梦周等老师一起，办学生会，反对尊孔读经，提倡应用文，学习于现实有用的社会科学和自然科学，提倡平等，劝阻富家子弟坐轿子上学，吸收附近贫苦农民子弟免费上学，号召学生动手栽植树木，美化环境，修建操场，锻炼身体，学堂面目为之一新。

　　1914年，何叔衡从湖南省立第一师范学校毕业后，应聘到长沙楚怡学校任教。他大力倡导反帝反封建思想，并付诸行动。当时，楚怡学校的校长是何叔衡曾经就读过的湖南省立第四师范学校的校长陈凤荒，他对何叔衡比较了解，也很器重，为何叔衡开展革命活动提供了便利条件。

何叔衡在楚怡学校一边教书，一边从事革命活动。1918年，他参与支持了一次农民起义。农民张三元是宁乡县佛教南宗古寺密印寺的佃户。这座寺院拥有饭僧田1000多亩，佃户数百家，是赫赫有名的富裕寺院。清末民初时，一批失意的官僚军阀在社会上无法立足，占据了这座寺院成为"蓄发僧人"。这些带着"和尚"招牌的恶棍残酷欺压佃户，强奸民女，无恶不作。张三元家也深受其害。曾在护国军当兵的张三元回到家后，发现父亲因交不起租多次被抓进寺里关押殴打，妻子被寺内"和尚"霸占。他怒火中烧，暗中联络附近贫苦佃农，准备起义。何叔衡知道这个消息后，本来就对这些所谓的"和尚"恨之入骨的他大力支持张三元的行动。他与谢觉哉、姜谷风、夏果雅、姜梦周等好友为起义军大造舆论，并帮助准备武器和经费。

10月5日，农历九月初一，是密印寺规定交租还债的最后期限。"和尚"召集佃户到寺，逼他们交租还债。张三元按照与夏果雅、姜谷风等人的事先约定，杀死为首的"和尚"，举旗起义。几天之内，农民五六千人参加起义。何叔衡与谢觉哉、姜梦周等在暗中秘密出谋划策，支持起义军。

听闻起义消息，湖南督军张敬尧急忙派兵镇压。何叔衡、谢觉哉与姜梦周等以秀才乡绅身份，一方面以"和尚"作恶多端、逼迫佃农造反为由力劝省县以招抚为主，不可强硬清剿起义军，以免激起更大民愤；另一方面暗中为张三元筹划坚持下去的办法。起义军与官兵苦战一个多月，终因寡不敌众遭到失败。张三元、姜谷风、夏果雅等英勇牺牲。何叔衡忙于善后事宜，他派人为姜谷风收殓，又暗中把夏果雅的儿子夏尺冰接到自己家中抚养，并送他上学。后来，何叔衡还经常接济一些起义者的家属。

表现何叔衡反抗精神、不与封建统治阶层同流合污的还有一件事。1920年的一天，何叔衡的同宗乡绅何寿璜来学校找他。何叔衡忙着上课，没有时间做菜，只好将一盘火腿淋上酱油，以冷食待客。这位乡绅不高兴了，挖苦何叔衡说："叔衡胡髭，你们是喜欢主义的，为何今天的火腿却吃冷的？"（主义指共产主义，当时何叔衡已信奉共产主义，主义的发音与宁乡方言煮熟谐音）何叔衡听后哈哈大笑，反唇相讥这位乡绅："主义对你不是好吃的，还是冷饮适合你些！"何寿璜受到奚落，非常尴尬，第二天便返回乡下去了。后来何叔衡对人谈起这件事时说："何寿璜是自讨没趣，对这种人必须针锋相对。"

04

湖南一师的 "老学生"

　　中华民国成立后，何叔衡欣喜异常，他准备力所能及地为民国效力，为百姓造福。可是局势的发展超出了他的预期，革命的果实被袁世凯窃取，社会继续在黑暗中徘徊。何叔衡从中看不到希望，于是，他放弃教职，来到得风气之先的湖南一师继续求学。在这里，他与毛泽东成为好朋友，这成为他一生中的重要转折点。

　　以孙中山为代表的资产阶级革命派希望在辛亥革命后建立资产阶级民主制度。为此，孙中山以西方国家的社会政治制度为蓝本，创立了民族、民权、民生三大主义，在中国历史上第一次提出比较完整的资产阶级共和国方案，并将其付诸实施。但是辛亥革命的果实被袁世凯窃取，军阀势力继续利用封建思想禁锢人们的头脑，维护自己的统治。思想文化界出现一股尊孔读经、复古倒退的逆流。社会上，孔教会、尊孔会之类的组织纷纷出笼，诽谤民主思想，要求定孔教为国教。同时，粗俗鄙陋、格调低下的文艺作品大肆泛滥，鬼神迷信之说广为流行。这些东西严重束缚着人们的思想，扼杀着民族的生机。

在何叔衡任教的云山学堂也出现了倒退的情况。1912年，学校来了一个姓黄的校长，这个人是所谓世家子弟，思想十分守旧。他与学堂内外顽固势力沆瀣一气，竭力攻击学校出现的新气象，污蔑何叔衡是"学匪""非孝的三无党首领"。"三无党"，是当时顽固保守势力对进步力量的蔑称，即无圣君、无父母、无礼仪的"乱党"。这绝对是对何叔衡的污蔑。何叔衡饱读诗书，国学功底深厚，向来就讲究道德，律身很严，是宗族乡亲们中间有口皆碑的好人。

在遭到无理污蔑的状况下，何叔衡无所畏惧，他对个人的得失毁誉并不放在心上，但他伤心于辛亥革命的果实被篡夺，革命大势已去，决心离开另寻出路。

何叔衡来到湖南长沙，1913年春，他考入湖南省立第四师范学校，这一年，何叔衡已经37岁，为寻求救中国的良策，他再次拿起书本。当时，年近40岁的他在学校很引人关注，学校负责人曾经问他，为什么这么大的年纪还来当学生？他诚恳回答："深居穷乡僻壤，风气不开，外事不知，耽误了青春，旧学根底浅，新学才启蒙，急盼求新学，想为国为民出力。"何叔衡的回答让学校负责人深为赞佩。一年后，第四师范学校并入湖南省立第一师范学校，他转入一师讲习科一班就读。

湖南省立第一师范学校旧址位于湖南省长沙市天心区书院路，享有"千年学府，百年师范"的美誉。该校前身是南宋理学家张栻于1161年创办的城南书院。1903年始立为湖南师范馆。1903年11月，湖南师范馆与城南书院合并为湖南全省师范学堂。1904年，湖南全省师范学堂改名为中路师范学堂。1912年，改中路师范学堂为湖南公立第一师范学校。1914年3月，改名为湖南省立第一师范学校。这所学校有着光荣的革命历史和优良的教育传统。中国现代革命史上许多著名人物如毛泽东、蔡和森、何叔衡、任弼时、李维汉等曾在此学习。

在一师读书期间，何叔衡结识了也在此学校读书的毛泽东。何叔衡比毛泽东大 17 岁。两人虽然年龄相差很大，但志趣相投，他们共同探讨救国救民的真理，很快成为无话不谈的好朋友，建立起亲密无间的友谊。何叔衡办事认真，感情真挚，富于热情，毛泽东对他十分尊重，评价他说："何胡子是一条牛，是一堆感情。"而何叔衡钦佩于毛泽东的远见卓识与渊博的知识，常向人介绍说，毛润之是个了不起的人物。他们两人相识相知，结下了深厚的友谊。何叔衡大力支持并参与毛泽东早年在湖南组织的革命活动，他们互相支持，互相鼓励，这种友谊一直延续到何叔衡牺牲。

在一师，何叔衡除和毛泽东成为好朋友，还广泛结识进步的老师和同学。他与蔡和森、陈章甫、罗学瓒、张昆弟等出类拔萃的同学，与徐特立、杨昌济、方维夏等德高望重的老师经常来往，互相学习，何叔衡追求进步的热情不断高涨。

在一师读书期间，何叔衡还非常重视身体锻炼，因为他知道，有一个好的身体，才能更好地为国家和人民造福。他经常和同学们在大礼堂学跳简单的集体舞。与何叔衡一起读书的萧三后来回忆："有两次，我看见他在礼堂里和他的同班同学们一起学做体操和练习跳舞（一种照音乐走舞步，动作简单的集体舞）。大概是因为他们年龄大的关系，动作很不协调，引得看的人不时发笑，他们自己也笑。后来我才知道，他们这样做，是为了将来教学生传播新文明。"

在湖南一师，何叔衡仅读了一个学期，就于1914年夏毕业了。在一师的时间虽然不长，但他学了许多新鲜的知识，结识了毛泽东、蔡和森等好朋友，这对他后来走上革命道路产生了重大的影响。

05

参加创办
新民学会

　　新民学会是在新文化运动和俄国十月革命影响下在湖南地区成立的一个重要的革命团体，在五四运动以后中国共产党成立之前，新民学会为湖南地区的建党建团工作做了思想上和组织上的准备。这个学会的发起人是毛泽东和蔡和森，何叔衡参加了学会的创建工作。

　　何叔衡从湖南一师毕业后，他的父亲和妻子都希望他能回乡教书，这样可以照顾家人。但何叔衡已经树立了救国救民的远大理想，他认为要改变这个世界，绝不能固守家园，故步自封。于是，他并没有回乡，而是受聘到长沙楚怡学校当教员。同时，他和还在一师读书的毛泽东等好友保持着密切的联系，经常往来，继续探讨救世之道，探讨对改造中国的想法。在毛泽东周围，渐渐聚集起十几个有志有为的同学和朋友，如何叔衡、蔡和森、萧子升、张昆弟、罗学瓒等人。后来，毛泽东回忆说，这批学生形成后来的一个学会的核心，这个学会往后对中国的事情和命运产生了广泛的影响。他们人数不多，但都是思想上很认真的人，不屑于议论琐事。他们所做和所说的每一件事，都有一个目的。他们没有时间谈情说爱，认为时局是如此危急，求知的需要是如此迫切，没有时间去谈论女人或私人问题……我的朋友们和我只乐于谈论大事——人的性质，人类社会的性质，中国的性质，世界，宇宙！

何叔衡与毛泽东、蔡和森等经常在一起讨论如何使个人及全人类的生活向上的问题，他们开始注意考察社会以及同工农群众建立联系的问题。1917年暑假，毛泽东与萧子升游学长沙5县，考察农村社会，他们来到何叔衡家。何叔衡陪他们访问农民，开调查会，讨论如何才能改善农民生活，不受有钱有势之人的压迫。这次调查，毛泽东给何叔衡留下很深的影响，也更加坚定了何叔衡跟毛泽东走的决心。

在以袁世凯为代表的北洋军阀黑暗统治下，当权者用封建思想禁锢人们的头脑，维护自己的统治。在日益深重的民族危机之下，先进的中国人逐步认识到，仅仅靠西方政治制度的移植难以救中国，要从根本上改造中国，必须要有文化的觉醒和思想的启蒙。最先倡导并吹响思想启蒙号角的，是后来被誉为进步思想界的明星、"五四运动的总司令"的陈独秀。1915年9月，陈独秀创办《青年杂志》(后来改名为《新青年》)，倡导文学革命，提倡科学与民主。在思想文化领域掀起一场以民主和科学为旗帜，向传统的封建思想、道德、文化宣战的新文化运动。陈独秀成为新文化运动的主将。他在《青年杂志》创刊号发表《敬告青年》一文，历数当时社会的黑暗，向青年提出6点希望和要求：第一，自主的而非奴隶的；第二，进步的而非保守的；第三，进取的而非退隐的；第四，世界的而非锁国的；第五，实利的而非虚文的；第六，科学的而非想象的。号召青年们从消极、保守、退缩、闭塞的思想束缚中解放出来，向陈腐落后的封建意识展开斗争。中国第一个系统传播马克思主义的先驱李大钊在《新青年》发表《青春》等文章，向全体中国人民大声疾呼，民族复兴，匹夫有责，我国的改造唯有靠我们自身的力量来完成。他尤其对青年寄予厚望，认为中华自身无所谓运命也，而以青年之运命为运命，号召青年朋友们，横刀跃马，效命疆场，以青春中华之创造为唯一之使命，人人奋青春之元气，发新中华青春中应发之曙光，号召青年朋友们为建设一个青春的中国而奋斗。

这时，俄国爆发了十月革命，推翻沙皇统治，建立了人民的崭新国家。从新文化运动和十月革命中，正在苦苦探索的毛泽东、蔡和森、何叔衡等人看到了曙光。他们认识到，只有把全国有志向、有作为、不屈不挠的爱国人士组织起来，共同奋斗，才是救国救民的有效办法。毛泽东提出有必要建立一个更严密的组织。这一提议得到大家的赞同。

1918年4月14日，这是一个春光明媚的日子，在岳麓山下的刘家台子蔡和森家召开了新民学会成立大会。参加大会的有毛泽东、蔡和森、何

叔衡、张昆弟等 13 人，再加上没有到会的李和笙（李维汉）、周世钊等人，最初的会员有 20 余人。这些会员都具有强烈的爱国心和积极向上的精神，都是品学兼优、很有抱负的青年，都希望为国家、为民族、为社会有所作为。经过讨论，大会通过了会章，以"新民"为会名，以"革新学术，砥砺品行，改良人心风俗"为宗旨，希望会员之间切磋学术、砥砺品行，互帮互助、共同向上。学会还制定了必须遵守的 5 项纪律：一是不虚伪，二是不懒惰，三是不浪费，四是不赌博，五是不狎妓。这 5 项纪律正是针对当时社会上流行的陈规陋俗而制定的，反映了新民学会会员严格要求自己，提倡和践行一种崭新的社会风气、进而实现社会改造的美好愿望。

关于何叔衡加入新民学会，还有一个小插曲。原来，何叔衡一直与新民学会的积极倡导者毛泽东、蔡和森交往甚密，他也参加了 4 月 14 日新民学会的成立大会，但直到 1918 年 8 月才加入新民学会。这是为什么呢？根据萧三回忆："何老自愧年长才退，不配与二十岁左右的青年为伍，所以提出不入会。后经毛泽东等人几次劝说，才入了会。"

何叔衡是新民学会会员中年龄最大的，他参加学会后，一直非常热心于学会的工作，毛泽东经常与他商量学会的有关问题。何叔衡年龄较大，经历世事较多，知识渊博，热心助人，他在学会中既是会友又是良师。他认为后生可畏，很乐于和青年交朋友，鼓励青年积极进步。在新民学会成立后，蔡和森、毛泽东等人因组织赴法勤工俭学而相继到北京，在长沙的会务、通信联络等工作，实际上是由何叔衡负责的。

1919年，震惊中外的五四爱国运动爆发。何叔衡以极大的热情投入这场运动，他全力协助由北京返回长沙的毛泽东，以新民学会为核心，组织和推动湖南反帝反封建斗争不断深入发展。这年11月，新民学会改选，何叔衡被选为执行委员长。

以新民学会为阵地，何叔衡与毛泽东一起领导了湖南的"驱张运动"。

驱逐张敬尧，是湖南人民向反动军阀发起的一次有力冲击，也是湖南人民反帝反封建斗争深入发展的重要标志。张敬尧是皖系军阀，1918年4月在段祺瑞扶植下掌握了湖南大权，当上督军兼省长。他以残暴手段欺压百姓，人民恨之入骨。他的3个弟弟敬舜、敬禹、敬汤，也倚仗权势，助纣为虐，横行霸道。当地群众形容他们是：堂堂乎张，尧舜禹汤，一二三四，虎豹豺狼。五四运动爆发后，张敬尧竭力禁止湖南人民的爱国运动，反对抵制日货的斗争。张敬尧的倒行逆施激起湖南人民的极大愤慨。"张毒不除，湖南无望"，成为大家共同的呼声。特别是1919年12月2日，张敬尧指使其弟张敬汤镇压了湖南省社会各界焚烧日货的正义行动，人民的反抗情绪更大。何叔衡当场挺身而出，高呼："大家不要怕，团结起来，把日货烧光！"并表示如果张氏兄弟公开杀人，自己愿用鲜血和生命为湖南人民除害，死而无憾。人民群众受到极大的感染和感动。

面对这种形势，毛泽东和新民学会会员决定，因势利导，开展声势浩大的驱张运动。12月4日，何叔衡所在的长沙楚怡学校召开了长沙市各校师生代表会议，由何叔衡担任主席。会上，他根据事先和毛泽东等商议的意见，阐明了驱张的意义和策略，提出"张毒一日不出湘，学生一日不返校，教师一日不受聘"的斗争口号，获得会议一致通过。接着，他和毛泽东又在楚怡学校召集新民学会会员、学联骨干和教育界部分人士参加紧急会议，决定立即组织驱张代表团，分赴北京、上海、广州、衡阳、株洲、常德等地进行广泛的革命宣传，造成全国上下一致的驱张舆论，掀起波澜壮阔的驱张怒潮。

在赴各地的驱张代表团中，前往北京的主持人是毛泽东。何叔衡受命与夏曦等负责衡阳代表团的工作。他们首先把代表团成员组织起来，主要由部分教职员和学生组成。第一批代表于1919年12月28日出发，到当时正驻衡阳的直系军阀吴佩孚处请愿。何叔衡于1920年3月1日到达衡阳，立即与匡日休等以湖南公民名义上书吴佩孚，痛陈张敬尧在湖南的罪行。

针对依靠皖系军阀段祺瑞的张敬尧，直系军阀吴佩孚有他的小算盘。吴佩孚当时驻衡阳，没有取得湖南督军的位置，心存不满。驱张运动对于他来说，正是一个笼络人心的好机会，并可以借机打击张敬尧和皖系军阀。因此，他对请愿代表团一方面表示同情，并示意自有办法；另一方面趁机通电各方并致电张敬尧，向张施加压力。从代表团的请愿目的来说，军阀吴佩孚的这种态度是有利于代表团取胜的。

何叔衡领导赴衡阳请愿代表团，开展了多种形式的驱张活动。他们不仅向吴佩孚请愿，还致电湘军首领谭延闿，请他出师讨伐。代表团还创办《湘潮》周刊，进行舆论宣传工作。还积极排演《救国潮》《有志少年》等新剧，受到群众热烈欢迎。

何叔衡往返于长沙、衡阳等地之间，领导发动群众进行驱张斗争。他带领学生步行前往资兴、宜章等地，沿途向群众宣传。不少人由于长途跋涉，脚肿起来，疲劳不堪。何叔衡精神抖擞，白天发动宣传群众，晚上听汇报，写稿子。在衡阳，他除注意联系发动和依靠广大群众进行斗争外，还注意联系当地上层人士，取得他们的同情和支持。湘南学联骨干夏明翰的祖父夏时济，任过清朝的户部主事等职，在衡阳绅士界很有地位和影响，与吴佩孚的私交也不错。何叔衡就亲自去拜访他，争取夏时济领衔联合湘南各界知名人士发表了驱张请愿电文。开始，夏明翰对何叔衡联络自己祖父十分不满，他认为祖父是老顽固，驱张不应该和这样的人打交道。经过何叔衡耐心劝说，夏明翰不但提高了认识，而且利用祖父与吴佩孚的关系，带领一部分同学向吴佩孚请愿，收到了很好的效果。

与何叔衡等人在衡阳开展活动的同时，以毛泽东为首的赴北京驱张代表团也在积极活动。他们多次向北京政府的总统府、国务院请愿，递送控诉张敬尧的呈文；上海、长沙的新民学会会员和学联骨干分子也在积极开展斗争。在省内外一致声讨下，张敬尧惊慌失措，他明令查办何叔衡等驱张代表，通令开除何叔衡等，永不叙用。他又通令开除50余名学生代表，诬陷他们是"过激党"，令军警通缉。他还下令搜查长沙各旅馆，查禁各补习学校，企图使进步师生无容身之地。

在毛泽东、何叔衡等积极开展驱张运动之时，直皖两系军阀矛盾日趋激烈。此时，皖系军阀段祺瑞控制着北京政府，驻衡阳的吴佩孚开始撤兵北向。在压力之下，段祺瑞政府一方面给吴军发放两个月军饷以作缓兵之计，另一方面令张敬尧坚守衡阳前线。驻衡阳代表团得知吴佩孚准备离开的消息后，便前往湘军首领谭延闿处，请他早日进驻长沙，驱逐张敬尧。

1920年5月下旬，吴佩孚开始由衡阳北撤。与此同时，谭延闿的湘军一路进占湖南大部分地区，张敬尧无力抵挡，不战自溃。6月11日，张敬尧自长沙仓皇逃走。26日，张部全部离开湖南。

驱张运动取得了胜利。在这场斗争中，何叔衡领导的衡阳代表团起到了重要的作用。对于何叔衡的功绩，1920年4月，毛泽东称赞："叔翁办事，可当大局。"

06

最年长的
一大代表

在党的第一次全国代表大会上，有一位矮敦结实、肩膀宽阔、方型脸庞、留着黑胡子的代表，他就是何叔衡，当时已经45岁，是代表中年龄最大的一位。他和毛泽东代表湖南共产主义者出席党的成立大会。

为什么何叔衡可以参加党成立的代表大会呢？这是因为，他在中共一大召开前就已经接受并传播马克思主义，并与毛泽东一起，创建了湖南的共产党早期组织。

1920年，毛泽东多次往返于北京、上海、长沙之间，接触到第一个在中国系统传播马克思主义的先驱李大钊以及新文化运动的旗手陈独秀，在他们的影响下，他阅读了马克思主义的书籍。同时，他与正在法国勤工俭学的蔡和森保持着密切的通信联系，蔡和森向毛泽东报告了法国的新民学会会员活动情况，并向毛泽东提出主张"明目张胆正式成立一个中国共产党"，以暴力革命手段实现中国社会的根本改造。此时，正在忙于湖南自治运动、希望以和平手段达到湖南自治，并通过湖南的成功推动全中国改造的毛泽东从现实的失败中认清了军阀的本质。张敬尧被驱逐后，掌握湖南军政大权的谭延闿断然否定了毛泽东提出的自治主张。湖南自治运动宣告失败。这使毛泽东感到无论是驱张运动，还是湖南自治运动，都绝不是我们的根本主张，我们的主张远在这些运动之外。毛泽东于1921年1月21日复信蔡和森，表示没有一个字不赞成，态度鲜明地表达了他对马克思主义、共产主义的信仰。

在毛泽东的影响下，何叔衡树立了对马克思主义的信仰。在这之后，为了推动新思潮研究和扩大马克思主义宣传，何叔衡首先协助毛泽东创办了文化书社。为什么首先创办文化书社呢？就像毛泽东在《发起文化书社》一文中所说，在反动军阀野蛮统治下，现在全中国全世界都还没有新文化，只有一枝新文化小花，发现在北冰洋岸的俄罗斯。没有新文化是由于没有新思想，没有新思想是由于没有新研究，没有新研究是由于没有新材料。湖南人现在脑子饥荒实在过于肚子饥荒，青年人尤其嗷嗷待哺。文化书社愿以最迅速、最简便的方法，介绍中外各种最新书报杂志，以充青年及全体湖南人新研究的材料。

何叔衡节衣缩食，不但把自己的教书所得尽可能多地捐给书社，还利用自己的社会关系到处奔走，为书社筹集资金。在毛泽东、何叔衡等人的努力下，文化书社办得颇有成效。所销售图书主要有《马克思资本论入门》《社会主义史》《新俄国之研究》《劳农政府与中国》等，还有《新青年》《时事新报》《劳动界》等报纸杂志。购书人开始以学生和教育界人士居多，后来也有许多工人前来买书。在毛泽东、何叔衡等主持下，书社努力引导读者学习和研究新思想。为使无钱买书的工人农民和市民群众也能有机会看书学习，书社设立了书报阅览处，陈列各种书报，供大家阅览。经过书社人员的辛勤工作，文化书社自成立到 1927 年 5 月"马日事变"中被许克祥封闭，近 7 年时间里，通过种种途径，在湖南广大工农群众中广泛传播新文化和马克思主义。

何叔衡还和毛泽东一起发起成立了俄罗斯研究会。1920 年 8 月 22 日，何叔衡、姜济寰（时任长沙县知事）、易培基、方维夏等 20 余人在长沙县知事公署开会，发起组织俄罗斯研究会。会议首先介绍了当时了解到的十月革命后俄国的情况，以及列宁领导下的劳农政府对华的新政策，指出中国和俄国接壤数千里，关系素来密切，劳农政府既有这样的千古大变，我们有研究他们的必要。何叔衡在会上宣读了简章，明确指出，"本会以研究俄罗斯一切事情为宗旨"，"本会会务：一、研究有得后，发行俄罗斯丛刊；二、派人赴俄实地调查；三、提倡留俄勤工俭学"。会议指定何叔衡、毛泽东、彭璜、包道平为发起俄罗斯研究会筹备员，进行筹备工作。

俄罗斯研究会成立后，在宣传马克思主义、介绍俄国革命经验方面做了许多有益的工作。研究会还经常介绍一些进步青年赴俄留学。何叔衡也想去留学，早在新民学会组织赴法勤工俭学时，他就有留法的想法。后来接到毛泽东从北京的来信，劝他不必留法，不如留俄。何叔衡便放弃了赴法的想法。这次他意欲留俄也没有成功，原因是他接到蔡和森从法国给毛泽东的信，信中提出："叔衡似永不可离湘，去俄不如留湘之重要。"永远把事业需要放在第一位的何叔衡放弃了自己的想法，甘为他人做嫁衣。他继续留在湖南，致力于组织进步青年赴俄留学。后来为中国革命作出重大贡献的任弼时、萧劲光等人就是通过何叔衡介绍，从长沙到上海，赴莫斯科东方劳动者共产主义大学学习的。

何叔衡参与马克思主义的学习和宣传的另一件大事是参加对新民学会宗旨问题的讨论，把新民学会转变成一个以科学社会主义为宗旨和目标的信仰马克思主义的革命团体。当时，新民学会会员的活动力量主要分为两支：一支在国内，主要是在湖南；另一支在国外，主要是在法国。国内外密切联系，互通声气。1920年7月，留法会员在蒙达尼开会，讨论改造中国与世界的方法和道路问题。蔡和森等多数会员主张效仿俄国，旗帜鲜明地提出，中国的解放，必须走俄国十月社会主义革命的道路，只有社会主义才是改造中国和世界的对症之方；要实现社会主义，首先要建立中国共产党，作为领导无产阶级革命的司令部，在共产党的领导下，进行暴力革命，建立无产阶级专政，以无产阶级的政权来建设社会主义的社会。而以萧子升为代表的一小部分人则认为，世界进化是无穷期的，革命也是无穷期的，不认可俄国式的无产阶级暴力革命的方式，认为这是以一部分人的牺牲换来多数人的幸福。他们主张无政府、无强权，进行温和的革命，以教育为工具，以工会合作社的方法实行渐进的改革。很明显，萧子升这种主张不过是资产阶级改良主义的一种幻想。会后，蔡和森写信给毛泽东，把这两种意见详细告诉了他，请国内会员发表看法。

为了明确新民学会方向，毛泽东与何叔衡商议，召集在长沙的新民学会会员开会。1921年1月1—3日，长沙大雪满城，寒光绚烂，景象簇新。新民学会会员新年大会在长沙潮宗街文化书社举行，到会的有10多人，3天的会议均由何叔衡主持。先由毛泽东介绍巴黎会友召开蒙达尼会议的讨论结果，然后着重就学会的共同目的、达到目的的方法、眼前如何着手这3个问题，畅所欲言展开讨论。

会议第二天，在讨论到改造中国与世界的问题时，何叔衡首先发言说："学会共同目的应为改造世界。"在接下来的讨论中，他强调用斗争的方法达到目的，"主张过激主义，一次的扰乱，抵得二十年的教育，我深信这些话"。接着毛泽东发言同意他的看法，并对诸如所谓社会政策、社会民主主义、温和方法的共产主义、无政府主义等作了击中要害的批判。参加当日会议的18人，依次发言后表决，赞成布尔什维主义的有12人。

第三天，讨论即刻如何着手问题，何叔衡再次首先发言，他说，一方面成就自己，多研究；一方面注意传播，从劳动者及士兵入手，将武人政客财阀之腐败专利情形，尽情宣布，鼓吹劳工神圣，促进冲突暴动，次则多与俄人联络。何叔衡还综合大家的意见，将着手方法归纳为 6 项。

1. 研究及修养：A. 主义；B. 各项学术。

2. 组织：组织社会主义青年团。

3. 宣传：A. 教育；B. 报及小册；C. 演说。

4. 联络同志。

5. 基本金：组织储蓄会。

6. 基本事业：A. 学校（又夜学）；B. 推广文化书社；C. 印刷局；D. 编辑社；E. 通俗报；F. 讲演团；G. 菜园。

这 6 项得到与会会员的全体赞同。巴黎的蒙达尼会议和长沙的新民学会会议，表明新民学会已成为以马克思主义为主要信仰的革命团体。何叔衡在长沙会议上的发言，表达了他对马克思主义的坚定信仰，对会议顺利进行起到重要作用。

就在这个时候，毛泽东已经于长沙会议之前的 1920 年 11 月接到上海的陈独秀、李达的来信，接受委托在长沙建立共产党早期组织。原来，1920 年 8 月，陈独秀等在上海成立了共产党发起组，预备在一年之中，于北平、汉口、长沙、广州等地，先成立预备性质的组织。上海发起组还将成立党的早期组织、机器工会，以及《中国共产党的宣言》起草的情况，随时告知毛泽东，还寄来《共产党》月刊和社会主义青年团章程等。这年的11月前后，毛泽东邀请陈独秀来长沙，参加湖南社会主义青年团的成立会。陈独秀因事未能来。经过慎重物色，何叔衡和毛泽东、彭璜等6人在建党文件上签了名，创建了长沙共产党早期组织。

长沙共产党早期组织成员都是新民学会会员，因为是秘密的，所以并没有在新民学会会员中公开。组织成立后，以群众团体和文化书社、俄罗斯研究会的名义，进行马克思主义的宣传活动。何叔衡还与毛泽东积极筹建社会主义青年团。为支持朝鲜人民反对日本帝国主义侵略的斗争，1921年3月14日，何叔衡与毛泽东、贺民范等28人发起组织长沙中韩互助社。毛泽东任中韩互助社通信部中方主任，何叔衡任宣传部中方主任。

1921年6月，毛泽东接到赴上海参加中国共产党第一次代表大会的通知。6月29日下午6点，他和何叔衡一道在长沙小西门码头，趁着暮色，登上开往上海的小货轮。他们走得很突然，也没有让亲友送行。当时和何叔衡一起在《湖南通俗报》工作的谢觉哉在日记中写道："午后六时，叔衡往上海，偕行者润之，赴全国○○○○○之招。"这5个圆圈，谢觉哉后来解释说是"共产主义者"，当时他知道这是件大事，怕泄露，只能以圆圈代意。

的确，这是一件大事，不但在中国历史上是一件大事，在世界历史上也是一件大事。1921年7月23日，中国共产党第一次全国代表大会在上海法租界望志路106号（今兴业路76号）李汉俊之兄李书城的住宅内召开。会场陈设俭朴，但气氛庄重。参加这次会议的有国内各地的党组织和旅日的党组织派出的13名代表。他们是：上海的李达、李汉俊，武汉的董必武、陈潭秋，长沙的毛泽东、何叔衡，济南的王尽美、邓恩铭，北京的张国焘、刘仁静，广州的陈公博，旅日的周佛海，以及由陈独秀指定的代表包惠僧。他们代表着全国50多名党员。共产国际代表马林和尼克尔斯基出席大会。这时，陈独秀任广东政府教育委员会委员长，正在忙于筹款办学，李大钊除任北京大学图书馆主任、教授外，还兼任北京国立大专院校教职工代表联席会议主席。两人均因忙于事务，未能出席会议。

这是一次年轻人的会议。最年轻的刘仁静只有19岁。与会者平均年龄28岁。何叔衡年龄最大，45岁。当时，他和毛泽东一个是40余岁的中年人，留着八字胡须，老成持重；一个是28岁的青年人，身材高大，谈吐不凡。他们两人给与会者留下了深刻的印象。

大会从7月23日开始，由张国焘主持，毛泽东和周佛海担任会议记录。何叔衡与毛泽东坐在一起，自始至终参加了会议。会议开始几天，由各地代表报告本地区党团组织成立的经过及开展的主要活动，讨论党的纲领和决议等。由于7月30日晚，会场突然遭到暗探侦查，于是代表们转移到浙江嘉兴南湖的游船上开了最后一次会议。

大会通过中国共产党纲领，确定党的名称为中国共产党。规定党的奋斗目标是：以无产阶级革命军队推翻资产阶级，由劳动阶级重建国家，直到社会的阶级区分消除为止；承认无产阶级专政，直到消灭社会的阶级区分；消灭资本家私有制，没收机器、土地、厂房和半成品等生产资料，归社会公有。大会通过的关于当前实际工作的决议，确定党成立后的中心任务是组织工会，领导工人运动。大会选举陈独秀、张国焘、李达组成中央局，陈独秀为中央局书记。

中国共产党正式成立了，这是一件开天辟地的大事变，中国人民从此有了自己的主心骨，中国革命从此开始了新纪元。

中国共产党的成立大会，是在反动统治的白色恐怖下秘密举行的。除了大会会场一度遭到帝国主义者骚扰之外，在当时的社会上并没有引起多大的注意，就好像什么事都没有发生一样。但是，一个新的革命火种，已经在沉沉黑夜的中国大地上点燃。在这个过程中，何叔衡发挥了重要的作用。

07

湖南建党的"老母鸡"

中共一大闭幕后，何叔衡与毛泽东一起回到湖南，立即着手在湖南建立党的组织。何叔衡努力扩大党的组织，介绍了大批先进青年加入党的队伍，当之无愧地成为湖南建党的"老母鸡"。

回到长沙后，何叔衡首先与毛泽东致力于建立湖南的共产党地方组织。经过一段时间的筹备，1921 年 10 月 10 日，中共湖南支部成立了。萧三曾经在《毛泽东同志的青少年时代和初期革命活动》中回忆起这一场景："一个秋凉的日子，在长沙城外协操坪旁边的一个小丛林里，有几个人在散步。他们一时沉默地站在树丛和石碑的中间，一时在丛林里的小路上走动。彼此热烈地谈论。在高高身材、脚步郑重的毛泽东同志的旁边，走着宽肩膀、矮矮身材、一口黑胡子的何叔衡同志。"参加的还有彭平之、易礼容等同志。他们在此讨论了建立中国共产党湖南支部的问题。这一天是民国十年十月十日，因此被戏称为"三十节"。

中共湖南支部成立后，支部书记为毛泽东，何叔衡、易礼容等为委员。党支部成立后，新民学会就停止了实际工作。此后，何叔衡就在支部书记毛泽东领导下，根据中共一大决议及其后中央局发布的通告等，积极在湖南开展发展党员、建立党的基层组织、工人运动等工作。他们首先在工人和学生中吸收先进分子入党。到1922年5月，先后在长沙、安源、衡阳建立了3个支部，共有党员30余人。根据中央局指示，5月底，毛泽东同何叔衡在中共湖南支部的基础上建立了中共湘区执行委员会，毛泽东为书记，何叔衡、易礼容、李立三等为委员，区委机关设在长沙小吴门外清水塘22号。

何叔衡回到湖南后，经毛泽东推荐，担任了湖南第一师范附小主事职务。他一面教书，一面积极从事党的工作，培养入党积极分子，发展党员。1921年冬，他首先介绍一师附小教师许抱凡入党。许入党后，何叔衡派他到新河创办铁路工人子弟学校，开展工人运动。

何叔衡入党后，没有忘记自己的好友谢觉哉等人。何叔衡与谢觉哉、姜梦周、王凌波4人在早年读私塾时就是好友，其中何叔衡与谢觉哉清末都中过秀才，辛亥革命前后，又都进入新式学堂读书，从事多年教育，反对封建帝制。那时官府认为，革命党人都是年轻人，为了安全起见，他们4人决定都留八字胡须，被称为"宁乡四髯"。"四髯"中，何叔衡首先加入了中国共产党。他陆续介绍另外"三髯"也加入到党的队伍中。1922年8月，姜梦周到湖南自修大学补习学校担任管理员兼教员，何叔衡介绍其加入了党组织。1925年6月，他介绍云山学校校长王凌波加入党组织。这年8月，他又介绍谢觉哉加入党组织。此外，何叔衡介绍入党的还有夏明翰、李六如、何立前、贺尔康等人，这些人又介绍其他先进分子加入到党的队伍中。何叔衡成为湖南建党的"老母鸡"。

关于何叔衡介绍夏明翰入党的经过，颇有一些传奇色彩，值得在此多记述几笔。夏明翰出生在一个没落的地主官僚家庭，他在衡阳第三甲种工业学校读书时，积极参加并领导了衡阳学生的爱国运动，抵制和焚烧日货，支援长沙学生的驱张运动。在家里，他把军阀吴佩孚送给祖父夏时济的亲笔条幅撕毁，把夏时济收藏的日货翻出来烧掉。祖父气得把他关起来，不"认罪"不放他出来。夏明翰在一个晚上，用斧头砍断窗棂，逃了出来。他找到何叔衡，向他倾诉了自己的志向，以及受到封建家庭阻挠的情况。何叔衡对夏明翰的遭遇深表同情，并感动于他的爱国救国的热情。他介绍夏明翰到湖南自修大学读书。同时，他赋诗一首，鼓励夏明翰投身革命，奋发有为：

神州大地起风雷，
投身革命有作为。
家法纵严难锁志，
天高海阔任鸟飞。

经过一段时间的学习，夏明翰向何叔衡提出了加入中国共产党的申请。何叔衡有意考验他，便说："明翰，也许有人问你，加入共产党对你有什么好处？"夏明翰严肃地回答："我申请加入共产党，不是考虑对我个人有什么好处。我痛恨封建家庭，不要祖宗遗产，唾弃纨绔生活，讨厌官场钻营。我这样做，只是为了牺牲一个旧我，迎来一个新我，使自己能够为工农的翻身和人类的解放奋斗终生。"何叔衡对夏明翰这番话深表赞同，他说："一个人如果怀着对个人有什么好处的动机入党，这是对共产党的一种玷污，是一个共产主义战士的奇耻大辱。"1921年，经过何叔衡、毛泽东介绍，夏明翰光荣地加入了中国共产党，并在后来的革命历程中以其坚强不屈的光荣实践践行了入党誓言。

08

集天下英才教育之

"集天下英才教育之"，这是何叔衡在湖南自修大学居室的一副对联中的一句话。原来，何叔衡与毛泽东参加完中共一大回到湖南后，在积极建立湖南党组织的同时，还努力培养革命干部，创办了湖南自修大学，"集天下英才教育之"，为党的事业培养后来人。

中国共产党刚刚建立时，处于秘密状态，党员无法公开活动。在从事革命活动的实践中，何叔衡与毛泽东感觉到，党组织需要有一个加强理论学习、宣传以及开展工农运动等工作的公开活动场所，对于他们而言，教育事业是比较熟悉的，于是，他们决定办一所自修大学。

他们利用船山学社的校址和经费把学校办了起来。船山学社是民国初年湖南的一些文人学士为研究王船山思想而设立的。王船山即王夫之，明末清初思想家。船山学社每月有400元经费，主持该社的多是老学先生，何叔衡是该社社员，并任过社长。何叔衡与毛泽东于中共一大后回到长沙时，该社社长是何叔衡的朋友贺民范。这些有利条件使得通过船山学社创办自修大学有诸多方便。

饶是如此，自修大学的创办还是遇到阻力。社长贺民范支持毛泽东、何叔衡的想法，但船山学社中一些守旧的社员不同意在社内办自修大学，省政府也拒绝拨款。何叔衡与毛泽东、贺民范等人分头活动，向教育界、新闻界的知名人士进行宣传，他们还争取了老同盟会会员、船山学社董事会总理仇鳌的支持。同时，积极发展新社员，使进步力量在学社中占优势。最终，由于何叔衡、贺民范、仇鳌、李六如、方维夏等老社员在多次社员会议上的不懈坚持，加之杨开慧、陈章甫等新社员的加入，在船山学社内办自修大学的主张得到学社大多数社员的同意，省政府同意继续拨款。校址和经费两件

大事解决了。1921年8月16—20日，长沙《大公报》刊登了毛泽东起草的湖南自修大学组织大纲。毛泽东亲自题写校名，并任指导主任，一所崭新的宣传马克思主义和培养革命干部的学校，在长沙建立起来了。

自修大学首届校长由船山学社社长贺民范担任。学校设董事会，由15名校董组成，负责筹措经费，指定掌握办学方针。董事会推驻校校董一人担任校长，管理日常校务。贺民范、毛泽东、何叔衡先后担任过驻校校董。

自修大学在当时是一所与众不同的新型学校，教育宗旨是提倡平民主义、造就人才、改造社会。在办学方法上，提倡自己看书，自己思索。学校除外文课以外，基本上没有集中上课时间，由学生各自指定课程表，利用图书馆实验室进行单独修习，每日作读书录，填作业表，住校、走读、面授、函授等教学方法多样。教师对于学生，给以通信指导、特别讲座、特别授课、订正笔记、修改作文等不同方式、灵活多样的指导。学生自选科目，学完一科后成绩合格发给证书。这种新颖的学习方式不仅使学生的自学能力得到培养和强化，而且使学校组织得以简化。

自修大学创办以后，吸引了很多进步青年，学员大部分是共产党员和青年团员，正式学员人数不多，毛泽东、何叔衡、李维汉、贺民范、李达、易礼容、杨开慧等都是自修大学的学员。有不少优秀青年在自修大学学习后进步很大，加入到党的队伍中，著名革命烈士夏明翰就是在毛泽东、何叔衡介绍下在自修大学学习并入党的。

自修大学强调以自学为主，这就对学员提出了比较高的要求，必须有一定的文化基础，有一定的自学能力的才能入学。自修大学不适合一般的文化水平低的青年，尤其不适合当时文盲较多的广大工人农民。于是，1922年9月，自修大学附设补习学校，公开招生，为党培训青年革命干部。补习学校由何叔衡任主事，毛泽东任指导主任，夏明翰任教务主任，易礼容任事务主任，何叔衡、李维汉、罗学瓒、夏曦等曾任教员。补习学校得到广大工农青年的热烈欢迎，学生来自湖南33个县，外省也有前来学习的。有进步的青年知识分子，也有青年工人。

　　看着来自不同地区的要求进步的青年学生，何叔衡万分感慨，他在自己的居室写下对联：

汇人间群书博览者，何其好也；

集天下英才教育之，不亦乐乎。

　　为办好补习学校，何叔衡投入很大精力，他对学生的学习非常关心，经常参加学生的讨论会，找学生谈心，鼓励他们抓紧时间多读书。他不但督促学生们努力学习，对自己的学习也抓得很紧。当时他事务繁忙，承担着党的工作、自修大学的工作、补习学校的工作，还有其他一些社会工作。白天没有时间学习，他就利用晚上的时间刻苦读书。他认为，自己要有真才，然后才能造就人才。他每晚看书到 12 点，早晨又起得很早，读一个小时的书才开门，读到精彩处，情不自禁拍桌子，引起住在他附近的几个贪睡的年轻人的不满，他们向他提意见，希望他早晨多睡一会儿，以免打扰别人休息。何叔衡说："我年纪大了，不拼命学习，怎能胜任工作呢？你们将来会有体会的，希望你们把全部精力放在学习上。"

湖南自修大学在何叔衡等人主持下，广泛宣传新思想，传播马克思主义，影响日益扩大，引起反动当局的仇视。1923年11月，湖南军阀赵恒惕以自修大学所倡学说不正，有碍治安为由，下令查封了自修大学以及附设补习学校。

面对反动派的打压，中共湘区委员会计划重新设立一所学校，毛泽东与何叔衡等奔波筹划，11月20日，湘江学校成立，24日正式开课。原自修大学和附设补习学校的多数教师和学员转入该校学习、工作。毛泽东、何叔衡、李维汉、罗宗翰、易礼容等为校董。湘江学校由罗宗翰、易礼容任校长，不久，何叔衡接任校长。他的好友姜梦周一直担任学校的管理员。

当时，湘江学校的教育是以旧的形式掩护新的教学内容，继承自修大学的优良传统，办学宗旨为："启迪学生，使为健全的战士，为国民除障碍，为民族争自由。"特别注意培养学生的民族独立思想与革命精神。

在教学内容上，湘江学校非常注重中国近代史、帝国主义侵略史的教育，注重指导学生参加爱国运动等，据任学校管理员的姜梦周在《本校三周年之回顾》一文中记载，学校的教学侧重以下几个方面：一是注意解释近代的国耻史，使学生了解中国民族受压迫的来源及因果关系；二是注意解释帝国主义政治的、经济的、文化的各种侵略方式；三是指示学生注意时事，多出关于讨论时事的作文题，并演讲国内外所发生的问题及应付的方法；四是注意演讲国际关系，被压迫民族独立运动之趋势；五是指导学生或领导学生参与各种爱国运动，揭露军阀的罪恶，使他们与实际政治发生关系；六是注意农民问题，使学生了解农人的生活状况及解决方法。

正如上文所说，注意农民问题是湘江学校的一大特色。湘江学校分中学部和农村师范部。农村师范部是1924年9月增设的，专以养成农村学校教授人才，促进农村教育为宗旨，为农民运动储备人才。这反映了毛泽东、何叔衡对农民运动的重视。农村师范部学生除学习普通师范应授科目外，还学习农业知识，农业经济、农村社会学、栽培常识等都是应学科目，还经常请郊区农民前来联欢，向学员讲授农业实践。随着党领导的农民运动斗争的需要，1927年，农村师范部还办了一个农运讲习班。农村师范部、农运讲习班的设立，旨在造就农民运动人才，到农村去做农民运动，组织农民，教育农民，使农民了解痛苦的根源与求得解除痛苦的方法。

何叔衡作为学校的第三任校长，任职两年多，他兢兢业业，竭尽全力，为党培养造就人才。他经常告诫学生，革命不会是一帆风顺的，反革命势力会疯狂镇压革命力量。作为革命者，一定要做到一个"信"字。这个信，就是信仰、信念，要做到坚定的信仰，必胜的信念。他对学生既严格要求，又关心备至，特别是对家庭条件困难而又积极上进的学生，他更是给以更多的关注。

湘江学校在何叔衡主持下，不但是向进步青年学生讲授马克思主义理论、传播新知识的讲坛，还是党的秘密工作机关。在这里任教的老师大多是共产党员，有不少同志担负着党的各种领导责任。

湘区委书记李维汉是该校校董，他经常到学校开会，布置工作。校长易礼容、何叔衡曾任湘区委委员。其他校董或任课教师如姜梦周、曹典琦、廖锡瑞、谢觉哉、陈章甫、王凌波等都是当地党的重要骨干。他们一边教书，一边以学校为党的活动机关，从事党的秘密工作，发展党团组织，领导工农运动。

　　湘江学校成为湖南革命活动的重要基地，该校学生通过理论知识的学习和实际斗争的锻炼，在老师和党团组织的培养教育下，大多数成为领导革命斗争的坚强骨干。1927年3月，根据湖南农民运动迅猛发展、农村急需农运干部的形势需要，中共湖南区委决定停办湘江学校，全体师生立即投入农民运动工作。湘江学校从开办到结束，中学部招生两个班，农村师范部招生6个班、1个农运讲习班，补习班招生6个班。共计培养学生300余人。学校还选送了一批进步学生到广州农民运动讲习所、政治讲习班和黄埔军校学习。这年3月19日，学校举行同乐会，宣告湘江学校正式停办。何叔衡在会上发言，他说，湘江学校"现成为革命的策源地。所有的同学和教职员，正好比是酒药子，今后虽改编了，希望这些酒药子到各处发酵"。

正如何叔衡所希望的，从湘江学校毕业的大部分学生没有辜负党和学校的期望，他们勇敢地战斗在工人农民中间，同反动派进行着坚决的斗争。比如农村师范部的学生在结业后，一般是与广州农民运动讲习所学员一道，投入到国共合作开展的大革命的潮流中，以国民党中央农民部和国民党湖南省党部农运特派员的身份，到各县农村开展工作。他们像革命的"酒药子"一样，在各处发酵，大革命的迅猛发展，有他们的一份功劳。

09 在革命紧急关头

　　中国共产党成立后，于 1924 年与孙中山领导的国民党实现合作，共同领导了轰轰烈烈的大革命，发动了消灭反动军阀统治的北伐战争，开展了工人运动和农民运动。何叔衡在湖南开展的一系列革命活动，注重同国民党的合作，建立湖南的国民党党部，帮助国民党建立组织，发展党员。但是随着大革命的开展，以及孙中山的逝世，国民党内新老右派势力逐渐抬头，特别是以蒋介石为代表的新右派逐渐掌握了国民党党政军大权，对共产党员和进步力量进行镇压。在革命的紧急关头，何叔衡临危不惧，沉着坚定地进行应对。

　　国民党与共产党不一样，两党代表的阶级利益是不同的。共产党是工人阶级的先锋队，代表的是工人、农民等广大劳动人民的利益。而国民党主要代表资产阶级的利益。从国共合作建立初期，国民党内就一直有右派反对同共产党合作。随着国共合作的不断发展，国民革命运动不断高涨，国民党内部进一步发生分化，1924年6月，国民党中央监察委员谢持、张继等提出《弹劾共产党案》，8月，张继等人又发表所谓的《护党宣言》，公开反对反帝反军阀的政治纲领，诬蔑共产党员加入国民党的目的是消灭国民党。在中国共产党的坚决反对下，这些人的主张没有得逞。

然而，1925年孙中山逝世后，国民党内的分化进一步加剧。国民党的领导权逐步落入蒋介石、汪精卫等人手中，他们越来越背离广大工农群众的愿望，离中国共产党所追求的民主革命的目标越来越远。特别是从1927年开始，国内形势急剧变化。随着中国共产党领导的工农运动持续高涨，北伐军胜利进军，特别是北伐军进抵帝国主义列强利益集中的长江流域后，帝国主义列强感到其在中国的利益进一步受到威胁，于是一方面加紧拉拢以蒋介石为首的国民党右派，一方面加紧准备武装干涉中国革命。国民党右派在帝国主义操纵下公开镇压工农革命运动，侵害工农利益。国共合作继续开展民主革命的这条道路越来越走不通了。

1927 年 4 月 12 日，蒋介石在上海发动了四一二反革命政变。短短几天之内，上海工人 300 多人被杀，500 多人被捕，5000 多人失踪。4 月 18 日，蒋介石在南京建立了大地主大资产阶级联盟的反革命政权——南京国民政府。在上海发生反革命政变前后，四川、江苏、浙江、安徽、福建、广西和广东等省也发生以"清党"为名，对共产党人和革命人士进行大屠杀的事件。

四一二反革命政变后，为应付时局，何叔衡专程回到宁乡，帮助当地农民反对蒋介石，帮助区乡政府整顿农民武装。当时，宁乡的农民自卫军是由原来的团防局武装改造过来的，不仅有梭镖、大刀，也有一定数量的枪支。其中，何叔衡的外甥陈仲怡是骨干分子。何叔衡帮助他们加紧训练自卫军，与他们一起开会研究如何巩固武装，随时抗击敌人的斗争策略，布置应变措施。

这时，反动派还在继续发动反革命事变。1927 年 5 月 21 日，湖南军阀何键部许克祥团在长沙叛变革命，制造了"反共"的马日事变。事变发生时，何叔衡正在宁乡乡下林山寺、五里堆、石板上等地指导农民运动。闻讯后，他不顾危险立即赶到县城，得知长沙城内情况十分严重，革命团体机关全被捣毁，革命者的鲜血染红了长沙城。

为了寻找党的组织，反击反革命逆流，何叔衡不顾严重的白色恐怖，毅然赶往长沙。到长沙后，即不幸被捕。审讯时，伪法官不知他的底细，看他的长相以及打扮，都不像一个革命者，他头发胡子花白，容颜苍老，像一个乡村老学究，便问他的姓名和职业。何叔衡说自己姓张，是个私塾先生。接着他装迂，摇头晃脑一字不漏地背诵起《论语》来。法官打断他的话头，问道："你知道什么是国民党和共产党吗？"他回答："吾乃学者，焉能不知？我知之甚详。国民党即三民主义是也，共产党乃五权宪法之倡议者。"这种说法引得敌人哄笑起来。接着他又摇头晃脑地说："子曰，学而时习之，不亦说乎，温故而知新，古今恒也，非戏言哉，君勿笑矣。"这样的语言使得敌人以为他真的只是一个老学究式的私塾先生，于是，把他从审讯室赶了

出去。待反动当局发现这位"私塾先生"就是他们要找的共产党领导何叔衡，急忙全城搜捕时，何叔衡早就走远了。

在长沙，何叔衡很快找到了自己的同志。他首先在夏明翰爱人的家里找到了谢觉哉，后来又找到了易礼容。这时，根据中共中央决定，湖南党组织发生了变化，新的湖南省委书记由毛泽东担任。不久，省委根据中共中央指示，通知何叔衡赴上海。原来，在大革命高潮时期，中共中央机关搬到了武汉，以汪精卫为首领的武汉国民政府背叛革命后，中央机关准备迁回上海，派何叔衡先去参加筹备工作。1927年9月底—10月初，中央机关陆续迁到上海。何叔衡根据党中央指示，在上海从事党的地下工作。他与谢觉哉、徐特立、毛泽民、恽代英等同志一起，筹办党的聚成印刷公司，对外公开营业，承印商标、簿记等业务，以此为掩护，从事党的文件印刷等工作。他还担任上海济难会书记，营救白色恐怖下的被难者。

何叔衡承担济难会的工作，正处于国民党当局背叛革命，大肆捕杀共产党员和进步人士之时。由于严重的白色恐怖，被难者的营救工作难上加难。何叔衡肩挑党的公开工作和秘密工作两副重担，在敌人眼皮底下，随时都有被捕牺牲的危险。他沉着冷静，努力完成党交给的任务，在极端困难的情况下坚持斗争。

10 风雨登轮出国门

在帝国主义和国内封建势力的联合绞杀下，轰轰烈烈的大革命失败了，蒋介石、汪精卫疯狂屠杀共产党员和革命群众。为保存革命力量，也为了总结革命经验教训，1928 年 6 月，党组织决定派何叔衡到莫斯科中山大学学习。

前文已述，早在 1920 年前后，何叔衡在新民学会忙于组织先进青年赴法勤工俭学和赴俄留学的时候，他就一直有出国学习革命理论和十月革命先进经验的想法，只是事业需要他这个充满热情而且办事极其认真的人留在国内，所以，他个人服从组织，服从大局，没有再提出国留学这件事。现在，他终于实现了出国学习的夙愿。

莫斯科中山大学，全称为"中国劳动者中山大学"，是第一次国共合作时期苏联、共产国际为纪念孙中山，为中国革命培养人才而设立的学校。1925 年 10 月在莫斯科成立。招收对象主要是国共两党党员，学制两年。主要课程有俄语、哲学、政治经济学、历史、列宁主义、军事学、党的建设、苏维埃建设和工人运动等。学校强调理论和实践并重，培养学员既具备群众工作的能力，又具备军事指挥的才干。国共两党的重要人物邓小平、张闻天、杨尚昆、王稼祥、蒋经国等都曾在此就读。该校校长先后由拉狄克、米夫等担任。1927 年大革命失败后，国民党党员纷纷被召回国。1928年学校改名为"中国劳动者共产主义大学"，传统上仍称中山大学，专收中国共产党派去的学员。1930 年学校停办。

在赴莫斯科途经哈尔滨时，何叔衡给女儿实山、实嗣写下这样一首诗，表达了自己对党、对共产主义事业的无限忠诚：

身上征衣杂酒痕，

远游无处不消魂。

此生合是忘家客，

风雨登轮出国门。

1928 年 6 月下旬，何叔衡到达莫斯科。当时正值中国共产党第六次代表大会在莫斯科举行。他和徐特立出席了这次代表大会，在会上总结了大革命失败的经验教训。

中共六大为何在莫斯科举行呢？这是因为大革命失败后，第一次国共合作破裂，中国革命进入中国共产党独立领导的时期。如何认识这时的社会性质，以及革命的性质、动力、前途等重大问题，党内存在着认识上的分歧和争论。为解决这些争论，迫切需要召开一次党的全国代表大会进行认真讨论。这个问题在大革命刚刚失败不久就提出来了，但是在当时国内严重的白色恐怖之下，国民党反动派到处抓捕共产党人和革命群众，很难找到一个能够保证安全的地方开会。所以，经共产国际同意，决定中共六大在苏联境内召开。

1928 年 9 月，何叔衡正式进入莫斯科中山大学特别班学习。这个班的学生基本上是中共党内一些年龄较大、文化程度较高，并具有丰富革命实践工作经验的同志。与何叔衡同班的年龄较大的同学还有董必武、林伯渠、徐特立、吴玉章、夏曦、李国宣等，也有稍年轻的，如叶剑英、吴亮平、唐友章、杨之华等。由于这个班学生年龄偏大，曾被戏称为"老头班"。

特别班的学习方式与普通班不一样，因为学员普遍文化程度较高，所以这个班以自学为主。学习内容偏重于对革命理论和领导方法的研究，主要课程有社会发展史、辩证唯物主义、政治经济学等。上课时，教员先作简单的辅导，然后把学习大纲、提示、必读书目、参考书目以及讨论题目等发给大家，接着进行讨论。

何叔衡非常珍惜这个学习机会。在异国他乡学习，首先要解决的是语言问题。由于教员几乎都是俄国人，学生又都是中国人，而这时候去学习的同志绝大多数不懂俄语，教学时配备了中文翻译。特殊的课堂要求学生们一定要学习俄语，首先把语言障碍解决。对于何叔衡这个已经52岁的学员来说，重新学习一门语言，谈何容易。何叔衡不怕困难，为了学到先进的革命经验，他学习非常刻苦，有时为熟记一个单词，要读上几十遍、几百遍甚至上千遍，被大家称为"学习上永不疲倦的人"。

在苏联学习期间，何叔衡在政治上始终保持着清醒的头脑，不随波逐流。1929年4月后，"无情地"肃清一切反对派的"清党"运动在联共（布）党内开展，肃清托洛茨基反对派是这次"清党"的重点任务，中国革命问题也是斯大林和托洛茨基争论的焦点问题之一。中山大学的全体中共党员作为联共（布）党员，也参加了这次"清党"运动。9月，新学期开始后，苏共中央监委派出的"清党"委员进入中山大学，和学校领导组成"清党"委员会。中山大学的"清党"运动从一开始就犯了扩大化的错误，运动采取人人过关的简单粗暴的方法，使一大批好同志蒙受冤屈，造成一批冤假错案。特别是在"清党"过程中，正在莫斯科留学的王明进行宗派小集团活动，导致不少中国共产党员受到冤屈。面对严重扩大化的"清党"运动，何叔衡敏锐地觉察到这其中的尖锐斗争。他认为反托派的斗争不应当偏离方向，不应当扩大打击面，伤害自己的同志，更不应该把同

志之间工作上的正常意见分歧随意说成路线斗争
而加以打击。何叔衡的正确思想和做法，影响和
保护了一些同志。

11

战斗在
最危险的地方

　　1930年7月，何叔衡结束了在莫斯科学习的生活，回到上海担任共产国际救济总会和中国革命互济会的主要负责人，在极其险恶的环境中继续承担起他在赴莫斯科学习之前就已经在做的营救入狱革命者的事业。

　　中国革命互济会是中国共产党领导下的革命群众组织，其前身是中国济难会。中国济难会是五卅运动后中国共产党为救济遭受迫害者成立的社会团体。1925年由共产党人恽代英、杨贤江等联络进步人士郭沫若、叶圣陶等在上海成立，以救济一切解放运动的被难者，发扬世界被压迫民众之团结精神为宗旨。1927年四一二反革命政变后，总部一度迁至武汉。武汉国民党政府发动七一五反革命政变后，又迁回上海。1928年冬被迫停止活动。1929年12月改称"中国革命互济会"，总会设在上海，在各重要省市设有分会。1932年年底，总会遭到国民党反动当局破坏。1933年，时任主任的邓中夏被捕牺牲。1934年，因局势继续恶化，互济会在上海的活动逐渐结束。

当时，互济会的主要任务是反对帝国主义和国民党血腥镇压，反对逮捕、屠杀革命者，反对白色恐怖政策，争取释放政治犯，救济被监禁的同志，援助被捕的同志和烈士的家属等。为同国民党当局进行公开斗争，互济会在上海公共租界聘有律师、法律顾问。对于被捕还没有判刑的同志，找关系、请律师，通过社会关系找熟识的巡捕、警察，想办法消灭证据等，争取轻判或保释；对于已判刑的同志，寻找他们的同事、同乡、同学、亲戚等关系，到狱中探望、慰问，送去生活必需品，帮助狱中同志建立基层组织、发展敌伪人员等；对于出狱的同志，帮助他们安排生活，治疗疾病，接续组织关系等。

此时，正是帝国主义与国民党反动派对共产党人和革命群众进行疯狂大搜捕、大屠杀的时候，环境空前险恶。1930年9月，国民党当局将互济会同社联、左联、反帝大同盟等一起查封。但在党的领导下，互济会的活动仍在继续。营救革命者是一项极其艰巨的任务，面对敌人的暴力恐怖，何叔衡毫不畏惧，他带领同志们多方施策，为营救入狱的革命者东奔西走，做了大量的工作。

1930年5月，中央委员恽代英在上海被捕。何叔衡主持的互济会曾设法救援。恽代英当时化名王作霖，自称失业工人，并没有暴露自己的真实身份。组织上找到在上海一家工厂从事党的工作的恽代英的爱人沈宝英，告诉她为了恽代英的安全，暂时不要去探监，以免被敌人认出。互济会通过多方活动，争取到1931年6月保释恽代英。不料，1931年4月顾顺章被捕叛变，他立即出卖了恽代英，导致营救工作失败。恽代英被杀害。

在何叔衡主持下，互济会还组织了对贺昌、刘晓、李初黎、李士英、彭康以及国际友人牛兰夫妇等的营救，至于营救的一般同志就更多了。除了营救工作，互济会还积极组织狱中斗争，帮助红军在各地招考军官，参加发起反对白色恐怖的示威活动等。

从1927年秋冬至1931年秋冬，这4年时间里，何叔衡除在莫斯科学习的两年以外，其余时间大都奔忙在救济被难同志的前线。由于当时这方面工作是秘密进行的，现在很难找到详细的资料，所以，我们并不能十分清楚地知道当年他们究竟做了哪些工作。但有一点是清楚的，那就是在这个时期，何叔衡的家人、亲友受他从事革命工作的牵连，有人入狱，有人被害。

1927年大革命失败后，反动派把何叔衡一家逐出何氏宗祠，不准他们姓何。何家年轻一代的20余个兄弟姐妹被反复抄家。反动派还悬赏捉拿何叔衡父女。在何叔衡家长大的孤儿何贵初惨遭杀害，反动派还把他的头挂在宁乡街上示众3天。何叔衡的两个女儿何实山、何实嗣先后来到上海，在党中央开办的聚成印刷厂工作，从事党的地下斗争。在敌特如麻的上海做地下斗争，随时都有被捕的可能。何叔衡经常教育女儿们说，搞地下工作很艰苦，环境也十分复杂，要提高警惕，防止叛徒出卖。还严肃地告诉她们，要做好随时为革命牺牲的思想准备。他还耐心地教导她们，万一被捕，应如何应付敌人的审讯。

1931年，何叔衡与孩子们在上海团聚没多久，不幸就降临了。何实嗣的爱人杜延庆在福明印刷厂被捕，接着，何实山、何实嗣所在的印刷厂也遭到敌人破坏，姐妹俩同时被捕。不久，又传来何实山的爱人夏尺冰在长沙被叛徒出卖而被捕的消息。

这时，何叔衡的两个女儿、两个女婿都落入敌手。这对55岁的何叔衡来说，真是极大的打击。

在这样沉重的打击面前，他强忍住一个父亲的泪水，依然昼夜不停地为党工作着。

党组织派人四处奔走，多方营救。这时候，何叔衡多年来给予女儿们的如何应付困难环境的教育发挥了作用。何实山、何实嗣姐妹在党组织和父亲的长期教诲下，早就准备了一旦被捕后的说辞。经过审讯，敌人没有从她们口中捞到任何信息，姐妹俩很快就被保释出狱。何实嗣的爱人杜延庆被判处 8 个月徒刑，党组织为他请了辩护律师，刑满后也出狱了。不幸的是何实山的爱人夏尺冰受尽折磨，坚贞不屈，被湖南军阀何键惨杀在长沙的大马路上。

夏尺冰是何叔衡青年时代的好友夏果雅的儿子。夏果雅因参加张三元领导的农民起义英勇牺牲，其子夏尺冰就在何叔衡家长大，参加了中国共产党，去黄埔军校学习。1927 年大革命失败后，他被派到宁乡任县委书记等职。

何叔衡得知女婿牺牲的消息，十分悲痛，他失去的不仅是自己的女婿，还是党的好战士，战友的好儿子。他强忍住眼泪安慰悲伤的女儿，夏尺冰是好样的！他教育和安慰女儿化悲痛为力量，继续坚持做好党的工作，完成夏尺冰未竟的事业。

12 人民检察事业的开创者

　　从 1931 年起，何叔衡来到中央苏区，担任中华苏维埃共和国临时中央政府执行委员会人民委员会工农检察人民委员，即工农检察部部长。中华苏维埃共和国是我们党建立的代表广大人民利益的政权，是我们党局部执政的开始，从这个意义上说，何叔衡是我们党领导的人民检察事业的开创者。

　　1931 年 9 月后，由于蒋介石对中央苏区发动的 3 次反革命"围剿"都遭到失败，国民党反动派对白区的大搜捕更加疯狂，上海的环境更加险恶。再加上党内也出现了一些问题，1931 年中共六届四中全会召开后，以王明为代表的"左"倾教条主义者在党中央占据了统治地位，"左"倾冒险主义和关门主义在国统区工作中也开始贯彻执行，国统区的工作变得异常困难和艰险。在这种情况下，组织上决定转移何叔衡到苏区去。

1931年冬，何叔衡到达中央苏区。这个时候，中央苏区军民在毛泽东、朱德等领导下，胜利粉碎了国民党蒋介石发动的3次反革命"围剿"，苏区范围不断扩大。当时已拥有江西省的瑞金、宁都、广昌、石城、黎川、于都、兴国等县和福建省的龙岩、上杭、永定、长汀等县，共21个县城，面积约5万平方公里，人口约250万人，成为当时全国最重要的苏维埃区域。同时，中央苏区以外，鄂豫皖、湘鄂西、湘赣、湘鄂赣等根据地也都发展到相当规模。建立中国共产党领导的全国性政权的任务提上了议事日程，中共中央决定以中央苏区为依托，成立苏维埃中央政府。

1931年11月7—20日，中华苏维埃第一次全国代表大会在瑞金叶坪村谢家祠堂隆重举行。来自闽西、赣东北、湘赣、湘鄂西、琼崖、中央等根据地和红军部队，以及在国民党统治区的全国总工会、全国海员总工会的610名代表出席了大会。何叔衡光荣出席了这次大会。大会通过了《中华苏维埃共和国宪法大纲》《中华苏维埃共和国土地法令》《中华苏维埃共和国劳动法》《中华苏维埃共和国关于经济政策的决定》等法律文件。大会选出63人组成中央执行委员会，何叔衡当选为中央执行委员。中央执行委员会是全苏大会闭会后的最高政权机关。中央执行委员会之下组织人民委员会，处理日常政务，并发布一切法令和决议案。

中华苏维埃共和国是工人和农民的民主专政的国家。这个国家政权是中国共产党在苏区局部执政的政权。这个政权与我国历史上任何政权都不同，是代表着广大人民群众根本利益的政权。

11月27日，中央执行委员会举行第一次会议，选举毛泽东为中央执行委员会主席，项英、张国焘为副主席，但张国焘在鄂豫皖苏区，一直没有到中央根据地就职。会议还选举毛泽东任人民委员会主席。"毛主席"的称谓，就是从中央苏区时期开始的。

中央执行委员会人民委员会设有外交、军事、内务、教育、财政、司法、工农检察等人民委员部和国家政治保卫局等机构，人民委员会委员分任各部部长和各部委员会主席。何叔衡当选工农检察人民委员。

关于何叔衡在工农检察机关任职的正确称谓，这里有必要说明几句。1931 年 11 月，中华苏维埃共和国第一次全国代表大会通过的《工农检察部的组织条例》规定，工农检察机关从中央政府到区政府均称工农检察部，但负责人只有中央政府称工农检察人民委员，省、县、区均称部长。城市苏维埃则称工农检察科，负责人称科长。所以，对于何叔衡在检察机关的任职，准确的说法应该是工农检察人民委员，习惯上，人们也称他为工农检察部部长。当时，中华苏维埃共和国的各项法令基本上都是在苏联、共产国际的帮助下制定的，苏联政府的各部部长均叫"人民委员"，中华苏维埃共和国临时中央政府关于各部负责人的任职名称，反映了我们党在初步建政之时带有比较浓厚的苏联印记。

中华苏维埃共和国临时中央政府设在叶坪村的谢家祠堂，所有人民委员部都集中在这里。祠堂大

厅内用木板隔成一个个小房间，每个房间只有十几平方米，一个房间就是一个部，门口挂着每个人民委员部的木牌子。何叔衡所领导的工农检察部就在其中的一个小房间内，何叔衡同部里的同志就在那儿办公。

检察工作对何叔衡来说是一个新鲜事物，他没有什么经验可谈，对于全党来说，这也是一个新鲜事物，大家都没有经历过。何叔衡再次发扬办事认真的好作风，根据中央执行委员会颁布的《工农检察部的组织条例》有关规定，认真细致地开展工作。条例规定，工农检察部的任务是：监督国家企业和机关及有国家资本在内的企业和合作社企业等，使其坚决地站在工人、雇农、贫农、中农、城市贫苦劳动群众的利益上，执行苏维埃的劳动法令、土地法令及其他一切革命法令，适应某阶段的革命性质，正确地执行苏维埃的各项政策。

何叔衡首先从调查研究做起。工农检察部成立不久，他就召集全体工作人员开会，发动大家分头下去摸底调查。他强调，检察工作从各级领导干部检察起，检察领导要从上层领导检察起。对于每一批下去搞调查的人员，何叔衡都注意同他们谈话，详细交代要注意的问题。他特别强调，检察部是有威望的，到人民群众中间不能对群众发脾气，否则会影响群众关系，不利于了解到真实情况。下去调研的干部回来后，何叔衡都要亲自听他们汇报，及时指出成绩所在及存在的问题，对于做得好的及时肯定，做得不周到、不对的地方，及时指出错在哪里，今后应如何改进。在何叔衡的指导下，工农检察部的调查工作进展顺利，了解到许多真实的情况。

何叔衡不但指导同志们作调查，自己也经常到群众中间了解情况。他白天到田间地头，帮助老百姓做农活，拉家常；晚上召集部分干部群众开座谈会。他的身上随时带着3件宝：布袋子、手电筒、记事簿。他的布袋子是自己设计，请人缝制的。袋子中分成几个小袋子，每个小袋子有不同的用途，中间一个较大的袋子可以放物品。他的记事簿更是他调查研究不可或缺之物。他觉得，人老了，脑子不好使了，容易忘事，记在本子上就不会忘记。他把从群众中间了解的情况随时记在小本子上，不几天工夫，就掌握了大量第一手材料。对于存在的贪污腐败问题，他及时向毛泽东等领导汇报，及时进行了处理。

何叔衡还注意结合苏区的实际情况，创造性地开展工作。他主张设立了突击队和控告局，以更有利于开展工作。突击队是人民在工农检察部指导之下监督政权的一种方式，凡有选举权的人都可以加入突击队。突击队隶属于工农检察部，受其直接领导和指导。队员不脱离生产，在空闲和休息时间开展工作。突击队员可以公开地突击检查苏维埃机关、国家企业和合作社，以揭发机关、企业的贪污浪费、官僚主义等现象。队员还可以扮作普通工农群众到机关办事，看工作人员对工农的态度、办事效率等。控告局是在各级工农检察部或科以下设立，控告局可在工农集中的地方设立控告箱，方便工农群众投递控告书。还可以指定不脱离生产的可靠的工农分子代替控告局接受群众控告。突击队和控告局确实起到了监督和检察的作用。特别是控告箱的设立，方便了群众及时揭发检举，对于人民政权及时发现和处理贪污腐败案件起到了很有利的作用。

何叔衡干一行专一行，他时刻把工农检察工作放在心上，利用各种机会开展工作。当时，中央苏区处于战争时期，应付战争、服务战争是各级干部的重要任务，其中包括对伤兵的慰劳工作。1932年8月24日，人民委员会第二十三次常务会议决定，派何叔衡去后方医院慰劳伤病战士。9月3日，何叔衡代表中央政府到红军各医院慰劳伤病员，发给每位伤病员慰劳费1元。同时，他没有忘记自己工农检察人民委员的身份，趁此机会考察医院工作，召集医院工作人员开座谈会，叮嘱一定要做好医院工作，照顾好伤病员。

中央工农检察人民委员部的成立，标志着中华苏维埃共和国检察制度的建立，成为中华苏维埃共和国一个不可缺少的专政机关。何叔衡作为第一任检察人民委员，从部门成立一直到1934年2月离开这个岗位，两年多的时间内，他兢兢业业，克己奉公，为我们党检察事业的起步，作出了开创性的贡献。

13

人民政权的"首席大法官"

何叔衡对我们党司法法律事业的贡献还有一个重要方面，那就是他曾经担任临时最高法庭主席，成为党领导的人民政权的"首席大法官"，为我们党领导的审判工作作出了开创性的贡献。

1932年2月19日，人民委员会第七次常务会议决定组织临时最高法庭，以判决重要政治犯，委任何叔衡为临时最高法庭主审，即临时最高法庭主席。这样，何叔衡就同时承担着检察、司法、内务工作，可谓大权集于一身。当时，他已经56岁，担子确实很重。为了革命事业，他毅然承担下来。

当时，苏维埃政权的法制建设一片空白，何叔衡从事的是一项开创性的事业，没有现成的经验可供借鉴。他还面临严峻的形势，那就是中央苏区正处在逐步贯彻王明"左"倾错误路线时期。1931年1月召开的中共六届四中全会，在共产国际代表的全力支持下，留苏学生王明等实际上掌握了中共中央的领导权。他们提出了一套"左"倾错误观点。中央派出许多代表或新的领导干部到各地贯彻六届四中全会精神，开展所谓的"反右倾"斗争，改造各级党的领导。这种错误的领导也影响了中央苏区。表现在司法方面，就是产生了"左"倾肃反扩大化，一些省、县司法机关的干部产生宁"左"毋右的思想，在案件审理过程中，出现简单化、死刑扩大化等现象，影响了司法的公平公正。

对于这种情况，何叔衡不但坚决反对，而且下大力气予以纠正。他不能改变大的形势，但在力所能及的范围内，尽量地做到公正、公平。当时何叔衡经手的案件主要是政治犯，即反革命案件。当时以反革命论处的案件主要有所谓的"AB团"、社会民主党、改组派、托派等。

应该指出的是，上述4种反革命案件的增多，同当时的"左"倾错误领导有直接关系。其实，

这些案件在当时大多是被扩大化了。"AB团"是
1926年冬北伐军攻克武昌后，蒋介石指使陈果夫
授意段锡朋、程天放等在南昌成立的反革命组织。
"AB"是英文 Anti-Bolshevik（反布尔什维克）
的缩写。其目的是反对共产党，夺取江西政权。
1927年4月2日，共产党领导南昌的群众给予
沉重打击，该反革命组织即行解体。社会民主党在
中国从未成立过。1931年年初，在闽西纪念李卜
克内西、卢森堡、列宁的大会上，有人误喊"社会
民主党万岁"等口号，造成了在闽西有反革命组织
社会民主党存在的说法和不良后果。改组派，指中
国国民党改组同志会，国民党内以汪精卫、陈公博
为首的反对蒋介石的政治派别。1928年11月成
立于上海，以改组国民党相标榜，目的是同蒋介石
争夺党权、政权，曾策动各派军阀联合反蒋，后因
军事失败于1931年年初在香港宣布解散。托派，
全称是托洛茨基反对派，是苏联共产党内以托洛茨
基为首的反对列宁主义的派别。中国托派的最初来
源是直接受到托洛茨基及托洛茨基主义影响的少数
中国留苏学生。他们中的一些人于1927年年底

和 1929 年先后回到国内从事托派活动，大力宣传托洛茨基关于中国革命的观点。托洛茨基认为斯大林应对中国大革命的失败负责任。这一看法得到陈独秀的认同，大革命失败后，曾任中共中央五任总书记的陈独秀离开中央领导岗位。当他看到托洛茨基论述中国革命的文件时，引起思想上的共鸣，他接受托派关于中国革命的理论和策略，并开始在中国共产党内组织"左派反对派"。1929 年 12 月，陈独秀发表《告全党同志书》，并与 81 人发表《我们的政治意见书》，这个意见书即是托陈取消派纲领。到 1931 年 5 月，几个托派小组织"无产者社派""我们的话派""战斗社派"等在上海联合召开统一大会，成立以陈独秀为书记的所谓"中国共产党左派反对派"，即托陈取消派。由于托陈取消派的主张脱离中国实际，加之内部派系矛盾很深，所成立的统一组织很快就陷于分裂和瘫痪，并没有在社会上产生重大的影响。

从以上内容可以看出，到 1932 年，上述 4 类反革命派别在中国都已不成气候。这类案件的增多，一个重要的因素是以王明为代表的中共中央的

"左"倾肃反扩大化政策。

1932年2月25—26日，临时最高法庭举行第一次开庭公审，地点设在中央政府大会场，何叔衡担任主审。这次审判的反革命罪犯是"AB团"、改组派及军事犯。为了将罪犯的犯罪事实搞清楚，何叔衡在未开庭之前就对每一个受审者的犯罪事实逐一进行了调查分析，然后又经罪犯本人承认核准，因此这次审判进行得比较顺利。审讯时，避免了严刑逼供。对罪犯的判决，何叔衡根据中央精神，分别给予罪犯严惩或宽大的处决。对于曹舒翔等3个"AB团"案件，只判处1年半到3年的监禁，对于4个改组派案件也只判处监禁1年半到5年。这次公审大会，由于何叔衡以事实为依据，给以公正公平的裁决，被审判的罪犯都无言可辩，心服口服，参加大会的群众也很受教育，这在"左"倾路线统治之下是一次有理有据的审判。但遗憾的是，由于当时"左"倾教条主义在中央苏区占据绝对统治地位，这次判决仍不可避免地带有扩大化的色彩。

何叔衡坚持法律的公正，不惧"左"倾路线

当权者的威权，对于与事实不符，量刑不准的案件，坚决予以纠正。他尤其重视人的生命权，对于判死刑的案件更是慎重对待。凡是他认为证据不充分的，就不予批准，并且改判，尽力纠正一些在量刑中的"左"的错误做法。比如1932年他对朱多伸案件的改判，就是一个例子。根据当年《红色中华》记载，这年5月24日，瑞金县苏维埃政府裁判部将第二十号判决书送到临时最高法庭，请何叔衡审批。这是一个被判处死刑的案件。何叔衡认真审看了判决书，根据事实，他认为量刑过重。于是，他进行了认真的调查核实，于5月26日作出批示，指出关于朱多伸判处死刑一案不能批准。朱多伸一案由枪毙改为监禁两年。根据口供和判决书所列举的事实，不过是贪污怀私及冒称宁、石、瑞3县巡视员等，是普通刑事案件，并非反革命罪。且朱多伸曾组织游击队，参加过革命，又年已72岁高龄，因此改死刑为监禁。

何叔衡秉公执法，不该判死刑的，他坚决纠正；对于罪证确凿的反革命分子，他也决不同情，决不手软。就在他为朱多伸案件改判的同一天，他还签署了瑞金县苏维埃政府裁判部上报的两个反革命案件。原来，钟同焕、罗宏接两个反革命罪犯都残忍杀害过革命同志，罗犯还曾收买子弹接济团匪，到苏区烧杀抢劫，罪行确凿。对于这样的杀害红军和革命同志的罪犯，何叔衡立即批示将二犯执行枪决。

对于应判重刑而地方裁判部却错误地给予轻判的罪犯，何叔衡也予以明确纠正。1932 年 10 月，寻乌县苏维埃政府裁判部就出现了一个这样的案例。有一个叫蓝昌绪的犯人，组织暗杀队，开会要杀政府及共产党的人，敌人进攻时，鼓动群众不参战，作反战宣传。这是明显的与共产党领导的苏维埃政府为敌，是较重的罪犯，而当时寻乌县裁判部只判了这个人半年苦工。何叔衡感到量刑过轻，于是，10 月 15 日，他以临时最高法庭主席的名义给寻乌县苏维埃政府裁判部写了指示信，信中说："苏维埃的法庭，当然要按照阶级路线来判决案件。但如果是叛卖阶级的坚决反革命的分子，我们仍然不能放松，此次判决的蓝昌绪，据保卫局的控告审判记录及判决书所载，如（一）组织暗杀队，吃血酒，发誓；（二）不要从红军要从白军；（三）开会要杀政府及共产党的人；（四）敌人来攻时，鼓动群众不参战，做反宣传。有一二项实事即应判处死刑，以镇压反革命的活动，不料你们只判处他半年苦工，要放松叛卖阶级的坚决反革命分子。在我们阶级战争紧张的时候，尤其是在寻乌边区，这是对革命有大危害的，所以我们批准蓝昌绪应处死刑，请你们要坚决去执行。"何叔衡及时纠正了反革命分子的量刑，给党和红军的事业减少了危害。

从1932年2月至1934年2月，何叔衡担任苏区最高法庭主席的时间为两年。这两年，正值"左"倾错误路线在中央苏区大行其道之时。他以事实为依据，以法律为准绳，以其认真负责、细致入微、严肃严谨的工作态度和作风，尽可能减轻"左"倾路线对苏区法制建设的影响和危害，努力推动中央苏区审判工作的规范化，对我们党司法工作的开篇作出了不可磨灭的贡献。

14

红都反腐

　　腐败问题败坏党的风气，侵蚀党的干部，损害党的形象，破坏党和群众的血肉联系，必然导致革命失败和国家灭亡。在中国历史和世界历史上，因腐败导致国家灭亡的教训很多。任何一个政党，都应高度重视反腐败问题。在中央苏区时期，我们党也高度重视反腐败问题。何叔衡主持的工农检察部的一项重要工作就是反腐，同时，何叔衡还担任临时最高法庭主席，这两个重要任职使何叔衡站在苏区反腐的风口浪尖上。

　　当时，在中央苏区建立的苏维埃政权，其工作人员总的来说是清正廉洁的，苏区干部好作风被后世传唱。但在一小部分干部中，也存在腐败问题，比如政府工作人员乱用公款、对没收来的金银物品等随便据为己有等情况在某些部门时有存在。临时中央政府成立后，对腐败问题保持清醒的头脑，将反腐肃贪作为一项重要任务列入议事日程。

何叔衡走马上任后，领导工农检察部的工作人员，经过一段时间的调研，发现了存在的腐败问题。他根据对调研资料的汇总，发现有一部分县、区政府，单靠行政命令解决问题，有的干部甚至吞没公款，多吃多占，贪污腐化。何叔衡认为，这些问题如不及时解决，将直接威胁苏维埃政权的巩固。于是，他立即将这些情况向毛泽东、项英等领导汇报，引起他们的高度重视。

1932年3月1日，人民委员会召开第八次常务会议。何叔衡参加了会议。会上，何叔衡提议，中央政府要立即对那些执行上级命令和国家法律疏忽懈怠的现象，对一些贪污腐化分子给予严厉打击。会议通过了人民委员会第五号命令，即《切实执行工作检查》的命令，命令要求各级苏维埃政府立即实行工作检查，考察在政府机关的工作人员是否有消极怠工、腐化、不尽职等情形，命令还指出，这项工作刻不容缓，不得稍有玩忽和怠工。

人民委员会命令发出后，何叔衡再次率领工作人员深入各省、县、区进行检查、督促、落实。对于那些初犯或情节不太严重的，他尽力教育干部，力戒腐化，挽救干部；对于不称职的干部，他坚持原则，撤销其职务；对于贪污犯罪分子，他给予严厉打击，决不宽容。

谢步升，是何叔衡在苏区反腐工作中同意处以极刑的第一人，是中国共产党反腐历史上第一个被枪决的贪污犯。

谢步升时任瑞金县叶坪村苏维埃主席。他利用职务之便，将大量打土豪得来的财产收归私有，奸淫有夫之妇，并将其丈夫杀害，还曾经因图财杀死贺龙军队的一位军医，劫掠了金戒指、毡毯等财物。时任瑞金县委书记的邓小平支持瑞金县裁判部对谢步升杀人贪污的案件进行调查，并判处其死刑。谢步升不服，上诉至临时最高法庭。最高法庭由何叔衡的同事梁柏台担任主审，维持原判。这个案件中，何叔衡虽然没有直接审理，但他作为临时最高法庭主席，支持最高法庭工作人员维持正义，惩处贪污腐败，作出了应有的贡献。

何叔衡经手处理的大案还有陈景魁案、左祥云案，都是在当时影响很大的贪腐案件。

陈景魁时任瑞金县委组织部部长，他的案件不但涉及经济犯罪，而且带有黑恶势力的性质。1932年5月，有人举报陈景魁滥用职权，向群众摊派索要财物，利用地痞流氓欺压群众。何叔衡不相信共产党内竟有这样的领导干部，于是他亲自带人到组织部驻地黄柏村进行调查。结果，调查的情况确实非常严重，陈景魁调戏妇女，派打手把村民打成重伤，还拉拢、结交一伙赌徒、打手、恶棍，经常在一起打牌、酗酒、强摊款物，对不服从者施以打击报复，在当地影响极为恶劣。

何叔衡以临时最高法庭主席的名义签发了对陈景魁的逮捕令。然而此时，何叔衡却收到一封装有子弹的恐吓信。面对这种情况，有人劝何叔衡说："陈景魁有一帮黑势力，千万要小心！"何叔衡轻蔑地笑道："共产党人生来就是与黑势力作斗争的！这帮恶棍若不除掉，民众何以安宁？！"何叔衡毫不退缩，决意要将陈景魁绳之以法。他速战速决，将陈景魁公审后枪决，其他恶棍与打手也分别受到了严惩。

左祥云案件，可以说是何叔衡在中央政府毛泽东等领导支持下经手处理的又一个影响重大的反腐大案。

当时，为筹建中央政府大礼堂和修建红军烈士纪念塔、红军检阅台、博生堡、公略亭等纪念设施，设立了"全苏大会工程处"。中央政府总务厅任命左祥云为主任，这在当时是重大工程。中央政府为解决经费、材料等问题，采取发动群众购买公债、鼓励捐献、厉行节约、支援建设等一切措施，集中了10万元的资金和物资。工程于1933年8月动工。11月，有人举报左祥云与总务厅事务股股长管永才联手贪污工程款，经常大吃大喝，还强迫群众拆房，随意砍伐群众树木。

何叔衡当即组织人员进行调查。结果发现左祥云在任职期间确实有勾结反动分子、贪污公款等行为，还有盗窃公章、企图逃跑等意图，犯有严重罪行。何叔衡查实后大吃一惊，极为气愤。他没有想到在革命战争的严酷环境中，老百姓勒紧裤带省下来的资金竟然被腐败分子肆意挥霍，这是天理难容的！

他向毛泽东作了汇报。毛泽东亲自下令总务厅扣押左祥云，听候处理。然而，总务厅管理处处长徐毅私自放走了左祥云。事情发生后，毛泽东责令工农检察部一定要将民愤极大的左祥云一案查个水落石出。

何叔衡立即组织得力人员将左祥云捉回，中央总务厅的腐败问题暴露无遗。1934年2月进行公审，判处左祥云死刑，其他犯罪分子也分别受到惩处。

除了处理上述一些影响较大的贪腐案件，对于机关中日常存在的浪费公款等现象，何叔衡也决不手软地进行纠正。1933年夏季的一天，检察部收到一封匿名信，控告瑞金县苏维埃财政部贪污浪费、用公款大吃大喝的行为。

何叔衡亲率轻骑队（轻骑队成立于1932年，是共青团组织领导下的青年群众参与监督的一种方式）赶到瑞金县财政部，通过仔细调查，查出了瑞金县财政部的一系列问题，会计科科长唐仁达利用职务便利以各种方式贪污公款，吞蚀各军政机关交来的余款、群众退回的公债谷票等，变卖公家物件和谷子，隐瞒地主罚款等 34 项，合计大洋 2000 余元。

调查中，何叔衡还发现，不但会计科科长唐仁达有问题，财政部部长蓝文勋也有问题。这位财政部部长不但置职责于不顾，全然不理会瑞金财政收支情况，而且知道唐仁达的贪污情况却不上报，在何叔衡带领工农检察人员去调查时，还企图以小瞒大，说唐仁达贪污了一个土豪的罚款 20 元，让其赔还了这 20 元，企图以此蒙混过关。

何叔衡认识到问题的严重性。核查清楚以后，他向苏维埃人民委员会报告了这些情况。1933 年 12 月 28 日，人民委员会决定，将唐仁达交法庭处以极刑，并没收本人财产；对财政部部长蓝文勋撤职查办；对瑞金县苏维埃主席团主席杨世珠予以警告处分。

在查出瑞金县财政部惊人的贪污浪费案后，何叔衡又一鼓作气，重拳出击，接连派出工作人员到瑞金县区乡进行调查，继续查处贪污腐败案件，以典型案例警示教育机关工作人员，以此为戒，尽忠职守。

类似的案件还有很多。在何叔衡具体负责下，苏维埃政府坚决地开展反腐败斗争，为我们党的反腐败工作作出了开创性的贡献。红都反腐，得到根据地人民的真心支持和热烈拥护。

15

发展苏区社会事业

在中央苏区，何叔衡担任的职务还有内务人民委员部代部长，内务委员会主任，主管市政、行政、卫生、交通、邮政等社会事务，为中央苏区社会事业的发展做了大量的工作，为改善苏区群众的生产生活条件作出了重要的贡献。

1932 年 1 月，由于内务人民委员周以栗请病假，其部务暂由何叔衡代理。这样，何叔衡成为内务部代部长。何叔衡到任后，工作千头万绪，每一项工作都牵涉到政府部门的运转以及人民群众的日常生活。他从邮政工作入手，一件一件地进行落实。临时中央政府成立前，中央苏区的邮政工作很不健全，各地邮局各自为政，交通阻滞，有时本应该一两天送到的邮件，八九天才可送达，还出现邮件丢失现象。何叔衡主持召开会议，制定邮政暂行章程，决定暂以红都瑞金为起点，按军事重心与交通要道，分设6条邮路干线。他还签发了关于统一苏维埃邮政问题的通告，作为临时中央政府内务部第一号通告。规定建立中央邮政总局，统一中央苏区的邮政，在各省设立邮政管理局，在各县及各交通要道分设甲乙两种邮局，在非交通要道设邮政分局及代办所；制定邮件寄费新章和新式邮票，以后各机关及工农群众寄送信件包裹，均按新章办理；红军信件照红军优待条例办理。

5月1日，中华苏维埃共和国邮政总局建立，由内务部领导，中央苏区邮政工作有了统一的领导机构。邮政总局很快制定和颁布了邮政暂行章程及内部管理制度，发行苏维埃邮政邮票，加强了对邮政人员的管理和业务培训。苏维埃邮路逐渐畅通起来，以瑞金为起点，设有6条邮路干线和15条特别快递邮路干线。为方便红军指战员与家属通信，在红军总部设立了红军总信柜，作为邮政总局的派出机构。红军总信柜又在各军、师、团设有信柜和递信员，负责传递部队的来往信件。

在何叔衡领导下，内务部和邮政总局加强了对苏区邮政工作的领导，苏区邮政改变了以前的状况，一个红色邮政网逐步建立和完善起来。在当时革命战争的环境下，苏区邮政实际上担负了机要交通与传递邮件的双重任务，特别是对于党、政、军的重要文件，除特别重要的军事机密文件由部队武装护送外，其他的都是由邮政递送。邮政在正常递送渠道外，设置特别快信，安排专人负责，随到随走，日夜不停，风雨无阻。邮政事业的发展配合了革命形势的发展，适应了战争环境的需要，为夺取反"围剿"战争胜利，为苏区事业发展作出了贡献。

在内务部，何叔衡下很大功夫改善的还有交通事业。中央苏区大多是山区，道路狭窄，河道阻塞，交通不便，不利于军队行进，群众出行也十分不便。对于这项关系群众切身利益的问题，何叔衡非常重视。他主持发布训令，规定修筑道路桥梁的8项原则，并提出进行竞赛。1932年6月，他又签发加紧修筑道路桥梁的命令，要求各级苏维埃政

府派人到各地检查督促道路桥梁修筑情况，首先把县与县之间、区与区之间的干道修好，便于军队行进。经过一段时间的努力，取得了一定的效果。到1932年11月，江西省兴国县的道路全部进行了整修，其中按照省苏维埃政府规定的道路宽度标准修好了48段520里，桥梁修好了98座；宁都、永丰、万太、安远等县的道路、桥梁也正在整修。福建省的修路修桥工作也在顺利进行。整修桥梁道路不但有利于军队的行军，而且有利于苏区发展经济，方便群众出行往来。

中央苏区的卫生防疫工作也是由何叔衡领导的内务部负责。他根据苏维埃政府的有关规定，组织内务部带领群众进行了大规模的卫生防疫运动，大大促进了人民群众的身体健康。

20世纪30年代，我国城乡居民，特别是苏区农民文化水平极低，大多是文盲，不知道疾病的基本常识，对于如何防病、治病没有基本概念。中国共产党领导的苏维埃政府建立后，把保障人民群众身体健康作为重要的工作职责。1933年1月31日，人民委员会第三十一次常务会议决定，为保障人民群众的健康，责成内务部举行大规模的防疫运动。

据此规定，何叔衡紧张忙碌起来。他组织部内人员加紧研究，紧密部署。首先布置开展宣传工作，使这项工作能够让人民群众了解。2月13日，《红色中华》报专门发表了《加紧防疫卫生运动》社论。3月，内务部颁布了《卫生运动纲要》（以下简称《纲要》），《纲要》分为"国民党统治下的污秽和疾病""苏维埃政权下的卫生运动""卫生运动是广大群众的""群众应该怎样讲卫生""怎样做卫生运动"5个部分，其中第四、第五部分是主体内容。这两个部分对于群众应该怎样讲卫生、应该怎样做卫生运动提出了明确要求，讲清了具体做法，详细介绍了农村中天花、痢疾、伤寒、霍乱、白喉、鼠疫等疾病的来源以及防治的具体方法，对于城市、乡村、机关、部队应该如何根据自身特点开展卫生运动，都提出了明确的方法。

经过大力宣传，苏区的城市、乡村、机关和部队都建立了各级卫生组织，家与家、组与组、村与村、乡与乡、区与区，甚至县与县，机关与机关，部队与部队之间，都积极开展了卫生竞赛。对竞赛优胜者，送旗、登报、上红榜，精神奖励的同时，还有物质奖励。各个地区、机关还规定卫生运动日，组织卫生突击队定期进行卫生检查。各级苏维埃政府派出指导员到各地指导卫生运动的开展。经过努力，苏区军民的身体健康水平有了提高，疫病流行也得到一定的预防和控制。

为提高苏区人民群众身体健康水平，何叔衡还领导内务部想办法发展体育事业。1932年9月4日，正值准备粉碎敌人第四次反革命"围剿"前夕，红军学校在瑞金举行了一次盛大的运动会。比赛项目有刺枪、战斗动作、篮球、跳远、跳高等。1933年5月30日，中央政府在瑞金举行了一次规模宏大的运动会。在这些群众性体育运动中，何叔衡主持的内务部都是积极的组织者和参与者。苏区体育运动事业的发展，增强了红军和人民群众的体质，提高了军民抵抗疾病的能力。

在中央苏区，何叔衡检察、司法、内务一肩挑，工作繁重。举凡检察、民政、司法，邮政、交通、修路、架桥，婚姻、死亡、土地契约、工商业登记，拥军优属、慰劳伤病员，社会救济、纠纷调解，等等，都是他的工作范围。当时，他已经近六旬高龄，这个年龄在今天也已接近退休。他不惧年高，不怕繁忙，以高度的责任感，极其严肃认真的态度，认真对待每一项工作，与徐特立、董必武、林伯渠、谢觉哉4人一起，以年龄大，资历深，成为苏区德高望重的五老之一。他以自己杰出的才能与卓越的贡献，为我们党初次走上执政舞台做了大量开创性的工作，为以后我们党领导全国政权、建设新中国积累了多方面的经验。

16　坚　守

1933年9月下旬，蒋介石经过精心准备，调集100万军队，自任总司令，决定首先以50万兵力分几路"围剿"中央根据地的红军。其中，北路军共33个师另3个旅，担任主攻，另有南路军、西路军和第十九路军，分头担任阻止红一方面军向外发展的任务。

这时，中央革命根据地的红军主力有8万多人，地方红军和赤卫队等群众武装较前也有所发展。尽管形势严峻，如果红军能够正确地估计形势，利用有利条件，针对敌方采取的新战略，灵活运用历次反"围剿"战争的成功经验，即采取积极防御的方针，集中优势兵力，扬我之长，攻敌之短，在运动中各个歼灭敌人，打破这次"围剿"仍然是有可能的。但遗憾的是，在临时中央"左"倾教条主义统治下，毛泽东已经离开了红军的领导岗位。临时中央直接领导这次反"围剿"斗争。负责人博古依赖的共产国际军事顾问李德成为这次反"围剿"斗争的实际最高军事指挥者。他们废弃了过去几次反"围剿"斗争中行之有效的积极防御方针，先是实行军事冒险主义的方针，主张"御敌于国门之外"，要求红军在根据地以外战胜敌人。连遭失败后，又转变为军事保守主义，强令装备很差的红军与国民党军打正规战、阵地战、堡垒战，与敌人拼消耗。再加上没有正确处理好十九路军的问题，没有及时与国民党十九路军形成统一战线，第五次反"围剿"取胜的可能性已经越来越小。

在这种情况下，1934年5月，中共中央书记处作出决定，准备撤离中央苏区，并向共产国际作了汇报。不久，共产国际复电同意。但当时的中共中央和中央军委领导人仍没有适当作出转变战略方针的决断，战略转移的准备工作只是在极少数中央领导人中秘密地进行。根据中共中央书记处会议决定，博古、李德、周恩来3人组成"三人团"，负责筹划战略转移的工作。"三人团"中，政治上由博古负责，军事上由李德负责，周恩来负责督促军事计划的实施，但不能与闻所有的事情。

9月底，中共中央作出撤离中央根据地的决定，命令各军团逐步撤退到指定地点集中，准备实行战略转移。在这期间，"三人团"正在紧张准备着中共中央、中央军委和中央红军突围转移的工作。由于政治上由博古负责，因而关于高级干部的去留，都是经过政治局讨论后，由博古拍板决定的。中共中央机关、中央政府、共青团、总工会等各部门的干部，由各部门的负责人决定后，报博古批准。

这时候，何叔衡因遭到"左"倾教条主义者的打击和批判，已经被撤销一切职务，所以他事先不知道红军要实行战略转移的决定，只是通过报纸，凭着观察和猜测，感觉到红军可能要转移了。何叔衡曾经同也受到"左"倾教条主义者指责和批评的董必武谈论此事，董必武于1936年10月长征胜利后回忆此事：

当我们感觉到主力红军有转移地区作战可能的时候，我就想：是被派随军移动好呢，还是被留在根据地里工作好呢？

　　有一天，何叔衡同志和我闲谈，那时我们同在一个机关工作。他问："假使红军主力移动，你愿意留在这里，还是愿意从军去呢？"

　　我的答复是："如有可能，我愿意从军去。"

　　"红军跑起路来飞快，你跑得动吗？"

　　"一天跑60里毫无问题，80里也勉强，跑100里怕有点困难。这是我进根据地来时所经验过了的。"

　　"我跑路要比你强一点。我准备了两双很结实的草鞋。你有点什么准备没有呢？"

　　"你跑路当然比我强。我只准备了一双新草鞋，脚上穿的一双还有半新。"

　　从董必武回忆的长征前他与何叔衡的谈话来看，何叔衡已经做好了参加战略转移的准备。然而，他的愿望没有实现。中共中央决定，何叔衡与项英、瞿秋白、陈毅、邓子恢等留在苏区继续坚持斗争。在当时中央苏区马上被国民党军队占领的情况下，留下，意味着九死一生。虽然何叔衡的愿望没有实现，但他具有坚强的党性，面对困难，他坚决服从党的安排。正如董必武所说："这一年近60的共产党员，不怕任何困难，任何牺牲，准备为共产主义的事业奋斗到底，准备随时在党的号召之下无条件地去工作。"

何叔衡没有得到一同转移的批准，他积极乐观地为马上转移的同志、朋友准备行装。他把自己的心爱之物送给谢觉哉、林伯渠等同志。1934年9月末的一天，他在住地梅坑为好友谢觉哉饯行，在一间破旧的房子内，他们两个人相对而坐，四目相望，想到一起在苏区的战斗、生活，这次离别，还不知何时再能见面。临别，何叔衡将自己的一把钢刀送给谢觉哉以作纪念。

1934年10月，红军突围前夕，何叔衡在住地梅坑为马上要出发的战友林伯渠饯行，没有什么好酒好菜，一壶清酒，一碟花生，二人促膝长谈。天气临近入冬，何叔衡担心林伯渠旅途中寒冷，他将从上海赴中央苏区时女儿何实山为他织的毛衣从身上脱下来，送给了林伯渠，以帮助他抵御长途转战中的风寒。林伯渠接过毛衣，心情沉重，他写下《别梅坑》一诗，以表离别之情：

共同事业尚艰辛，

清酒盈樽喜对倾。

敢为叶坪弄政法，

欣然沙坝搞财经。

去留心绪都嫌重，

风雨荒鸡盼早鸣。

赠我绨袍无限意，

殷勤握手别梅坑。

　　中央红军主力撤离后，留守中央苏区的党政军最高领导机关是苏区中央分局、中华苏维埃共和国中央政府办事处以及中央军区。由项英任苏区中央分局书记兼军区司令员和政治委员。苏区中央分局成员有项英、瞿秋白、陈毅、陈潭秋、贺昌等5人，后来又增加了邓子恢等人。中央政府办事处主任由陈毅担任。以项英、陈毅为首的新的领导机构担负起领导主力红军撤离后的中央苏区及其他苏区的党政军民同国民党反动派坚持斗争的艰巨任务。留在根据地的部队有红24师、独立团及地方游击队约1.6万人，加上党政机关工作人员和红军伤病员，共3万余人。他们担负起中共中央赋予的掩护红军主力转移、保卫中央根据地、开展游击战争、扰乱敌人进攻，准备将来配合红军主力，在有利的条件下进行反攻，恢复和扩大根据地的任务。

红军主力撤离后，中央苏区的形势更加险恶。国民党军继续向各革命根据地发动进攻，妄图消灭留下坚持斗争的红军和游击队。他们实行碉堡围困、经济封锁、移民并村、保甲连坐、大肆烧杀等最残酷最毒辣的手段，实行反复"清剿"。他们向苏区腹地纵深进攻，将苏区分割成许多小块，企图将留在苏区的红军和游击队彻底消灭。

面对严峻的斗争形势，何叔衡在项英、陈毅的领导下，依靠群众，坚持斗争。他们和革命群众一起，进行英勇顽强的抵抗，表现了无比坚毅的英雄气概。他们钳制国民党的军事力量，在战略上配合了红军主力的长征，而且保存了革命的种子，坚守了游击根据地。这些根据地，后来成为中国人民抗日战争在南方的战略支点。

17

为苏维埃流尽
最后一滴血

　　何叔衡等留守的同志面临极其危险的局面，他们随时都有可能牺牲。面对强大的敌人，起初，以项英为首的留守中央苏区的领导同志没有进行军事指挥上的根本转变，没有适应形势，转向游击战争，而是继续坚持同优势敌人打阵地战，致使留守的红军主力红24师和独立团遭受重大损失。特别是1935年1月28日，红24师和独立3团、11团在进攻赣县牛岭粤敌的战斗中失败，部队战斗力遭到重创。这时，国民党军南北夹击，把中央革命军事委员会规定中央军区坚守的基本地区瑞金、会昌、于都、宁都4个县城之间的三角地区截成数块，进行分割"清剿"，妄图一举消灭留守在中央苏区的党和军队。这时，苏区的物资已经接近枯竭，一时又没有合适的补给。怎么办？

这时，项英接连致电中共中央，请求给予指示。这时，中央已经在长征途中召开了遵义会议，结束了"左"倾教条主义的领导，实际上确立了毛泽东在红军和党中央的核心领导地位。2月5日和13日，遵义会议后的中共中央两次发来电报，明确指示，中央分局应该在中央苏区及邻近地区坚持游击战争，立即改变组织方式与斗争方式，与游击战争的环境相适合，缩小或取消庞大的机关，负责同志随游击队行动。

接到电报后，中央分局立即根据中央的指示，留项英、陈毅、贺昌3人率红24师一部在原中央苏区穿插游击，指导各地工作；同时派负责干部到各游击区领导斗争。何叔衡随队伍驻于都县公馆乡，党派他帮助乡政府做动员工作。此时，这位出席过中共一大的老共产党员已经年近六旬，他每天扶一根拐杖，穿着一双破烂鞋子，早出晚归，不辞辛苦。

根据中央分局安排，何叔衡将与瞿秋白、邓子恢一起，向福建转移，然后准备同瞿秋白经广东、香港赴上海。1935年2月11日，何叔衡同瞿秋白、邓子恢以及项英的妻子张亮，在一部分武装人员护送下，从于都县黄龙区井塘村启程。他们到达瑞金县武阳区政府后，同正在那里等候的中央妇女部原部长周月林会合，继续向福建省委所在地长汀县四都区琉璃乡小金村前进。在小金村短暂停留后，他们继续向东行进，准备越过汀江，到永定县与张鼎丞领导的红军游击队会合。

从长汀到永定有好几百里路，山高路险，沟壑纵横，沿途遍布国民党军的碉堡，部队、保安团日夜搜山"清剿"。为了保证安全，他们一行化装成香菇客商和随行家眷，中共福建省委选了可靠的人员组成护送队沿途护送。为了躲避敌人搜捕，他们昼伏夜行。2月的闽西，天气还非常寒冷，夜间气温更低。何叔衡年老体弱，夜间看不清路，行走更为困难。本来，在敌人遍布的地区行军，夜间不能使用灯火，但考虑到何叔衡的实际情况，护送队中的两个队员点起一盏"美最时"牌马灯，四周贴上黑布，勉强有点光亮，引着何叔衡前行。

经过几夜行军，他们于 2 月 26 日到达水口镇附近的小迳村。大家都很疲惫，饥饿难忍，于是决定在村里休息吃饭，然后再继续前进。不幸就在这时发生了。他们的行迹被当地地主武装"义勇队"发现了，报告了驻扎在水口镇的福建地方反动武装保安十四团，反动军队立即派兵"围剿"。

何叔衡等人在村头留下了岗哨。他们刚刚做好饭，村头就响起哨兵与敌人交火的声音。他们立即跑到村头，见到数百名敌人向村里扑来。护送队仓促应战。敌人力量太强，邓子恢立即组织大家突围。他们向村子对面的一座高山转移。由于敌人分几路包抄，当何叔衡他们快到山顶时，敌人已在山脚下形成了包围圈。何叔衡提着那盏马灯，随大家奋力突围，但未能打开缺口突围出去。

激战多时，何叔衡感觉突围出去的可能性不大，他考虑到自己年老体弱，精疲力竭，不愿连累大家，就对身边一直保护他的邓子恢说："子恢，我不能走了。我要为苏维埃流尽最后一滴血。"说着，他便去夺警卫员手里的枪，宁肯自杀也不能让自己被敌人抓去。邓子恢急忙阻止。但已经来不及

了，何叔衡站在一处陡峭的山崖边上，纵身向山下跳去，邓子恢赶紧去拉他，没有拉住。何叔衡从山崖上跳下去时，被敌人机枪击中，身负重伤。战斗结束后，敌军在搜山时发现了何叔衡，从他身上搜出300多元港币。当时何叔衡身负重伤，他言语倔强，大骂敌人，敌兵恼羞成怒，且不知道何叔衡的身份，于是举枪杀害了他。

何叔衡壮烈牺牲了，实践了他要为苏维埃流尽最后一滴血的誓言。他用生命诠释了对共产主义的信仰，对革命必胜的信念，对初心使命的担当。这一年，他59岁。后来，当地群众在他殉难的山崖找到了他最后的遗物，那盏在他转移途中照明用的"美最时"马灯。这盏灯群众一直保留着，直到新中国成立后把它交给博物馆，供后人瞻仰，就像当年它的使用者何叔衡一样，继续指引着后人前行的道路。

18

家风家世

　　家风，影响着一个人的品质和行为。何叔衡一生，坚持公道公正、朴素正直、勤勉踏实的家风，这种家风代代相传，不但影响和鼓励着他的家人积极向上，勤勉敬业，而且成为我们的宝贵精神财富，成为红色文化基因的重要组成部分。

　　公平公正传家宝。何叔衡的父亲何少春，是一个非常正直的农民，他一生崇尚公平公正，在去世时曾给何叔衡立下遗嘱，其中特别强调了一定要公道公平的道理：

　　余年八十零，难道还贪生吗？你们娘早死，我教养你们未争得一个什么局面，只望你们兄弟合好合力将债还清。一概要公，世间只有私心坏，事情公则大家都安。叔衡抚九孙为嗣莫撒手。我死了不做道场，不烧纸钱冥屋，不劳动亲朋，只行几堂神，装殓不用一根丝，葬于就近就是。切记切记！！！

何叔衡的父亲一生秉持的"一概要公""世间只有私心坏"的思想和做法一直影响着何叔衡的一言一行。何叔衡一直把公道为人作为座右铭，认为清政府统治者为政不公，不为百姓着想，所以他在考中秀才后拒绝清政府任命，而是自食其力，在乡村以教书为生。他曾向孩子们谈起青年时代的理想，拟作教育上的事业，期得低额的报酬，以资生活。至于别的不正当的发财路子，无论如何不愿意干。他认准了马克思主义是实现公平公正的唯一道路，义无反顾地投身于中国共产党领导的伟大事业，在中央苏区3年多的时间内，他大多数时间都是在做检察、司法等维护社会公平正义的工作，他以一身正气，实践了对公平公正的永恒追寻。

不能因升官发财愚懦子孙。何叔衡一生追求真理，追求光明。作为中国共产党创建时期的党员，他长期与我们党的领袖毛泽东同志一起工作、生活，但他没有利用这一有利条件为自己的子孙后代谋取什么私利，而是教育子女们勤勉踏实、自食其力。他在1929年2月3日写给儿子新九的信中，对自己的人生观进行了剖析，表示自己"不能为一身一家谋升官发财以愚懦子孙"，鼓励家人踏实生活，积极面对一切，不畏难，不懒惰，字里行间充满对儿子及其他家人的关切和勉励：

我承你祖父之命，抚你为嗣，其中情节，谁也难得揣料。惟至此时，或者也有人料得到了！现在我不妨说一说给你听：一、因你身瘠弱，将来只可作轻松一点的工作；二、将桃媳早收进来；三、你只能过乡村永久的生活，可待你母亲终老。至于我本身，当你过继结婚时，即已当亲友声明，我是绝对不靠你给养的。且我绝对不是我一家一乡的人，我的人生观，绝不是想安居乡里以善终的，绝对不能为一身一家谋升官发财以愚懦子孙的。此数言请你注意。我挂念你母亲，并非怕她饿死、冻死、惨死，只怕她不得一点精神上的安慰，而不生不死地乞人怜悯，只知泣涕。

　　"绝对不能为一身一家谋升官发财以愚懦子孙"，何叔衡是这样说的，他也是这样做的。他的过继儿子何新九一直在家乡务农，侍奉母亲。他把父亲的话牢牢记在心上，老老实实做人，勤勤恳恳做事，不向组织开口要这要那。他的儿孙们，也都在家乡务农，或出去打工，只有何新九的长孙何盛明，是何叔衡第二代、第三代后人中唯一一个离乡最远、见过"大世面"的。2009年，何叔衡荣膺"100位为新中国成立作出突出贡献的英雄模范人物"，作为家属代表，时年60多岁的何盛明应邀出席了北京的颁奖仪式，并受到了胡锦涛同志的亲切接见。

　　女儿也是传后人。何叔衡的妻子袁少娥比他大3岁，没有读过书，是一个文盲，相比于何叔衡的满腹经纶，差距有些大。但袁少娥通情达理，勤劳纯朴，勤俭持家。何叔衡对妻子非常好，旧式婚姻下结合起来的两人感情深厚。婚后妻子曾生过一个男孩，但不幸夭折，只有两个女儿。1908年，妻子又生下一个女儿。这时，亲友们担心何叔衡没有儿子会绝后，便联合起来劝他再娶一房以求子。他坚决不答应，并把刚生下的女儿取名为"实嗣"，意即他家的实际继承者，以表示反对女儿不能传宗接代的封建伦理观念。他这一向封建的"不孝有三，无后为大"的传统伦理观念挑战的举动，使得众乡亲极为惊异。

何叔衡没有让女儿们像一般女孩子一样读《女儿经》、学女红，而是亲自教女儿读诗书，启蒙识字，读的还是"锄禾日当午，汗滴禾下土，谁知盘中餐，粒粒皆辛苦"以及"朱门酒肉臭，路有冻死骨"等歌颂劳动人民、揭露封建统治罪恶的诗文。因此，他被乡邻们称为"反封建的穷秀才"。后来，何叔衡参加革命，他的二女儿何实山和三女儿何实嗣也参加了革命。

一堆感情给家人。何叔衡为革命事业奔走操劳，他还把女儿、女婿们也带到了革命事业中。但他并不是一个只知革命、没有温情的冷面人。相反，他关心妻子，关爱子女，就像毛泽东曾经评价过的，"何胡子是一堆感情"。为了民族复兴和人民幸福，他参加了革命，几个女儿、女婿也参加了革命，远离家乡，远离妻子，远离母亲。何叔衡为妻子的生活着想，考虑到万一参加革命的父女几人在外发生意外，家里能有人照顾自己的妻子，他把大女儿留在家中，后来大女儿嫁到家乡杓子冲附近，又过继了侄子何新九为子。他的这种安排，充分体现了对妻子的一片深情。

对于过继的儿子何新九的生活，他虽然不能时时给予关照，但从他给新九写的信中可以看到一个老父亲对于儿子的拳拳之心。他在 1929 年留苏期间，给儿子何新九写信，字里行间表现出对儿子的关心关切之情。他仔细叮嘱孩子，给孩子提出 10 个注意事项，从日常生活到思想修养，面面俱到，让人感到一个老父亲对孩子无限的牵挂，以及希望孩子能够乐观上进，成为一个积极进步的有用之人的殷殷期望。其中主要包括：

1. 深耕易耨的作一点田土；2. 每日总要有点蔬菜吃；3. 打长要准备三个月的柴火；4. 打长要喂一个猪；5. 看相、算命、求神、问卦，及一切用香烛烧钱的事（敬祖亦在内），一切废除；6.凡亲戚朋友，站在帮助解救疾病死亡、非难横祸的观点上去行动，绝对不要作些虚伪的应酬；7.凡你耳目所能听见的，手足所能行动的，你就应当不延挨、不畏难的去做……8.绝对不要向人乞怜、诉苦。

除上述8条，何叔衡还在第9条和第10条谆谆教导儿子，要经常向大伯、三伯、姑丈等亲友学习做人、持家、待友、耕种、教子等事，定时去看望姑丈等亲人，还告诫孩子，一定要学算、写字、看书、打拳，爱子之情，跃然纸上。

1929年8月3日，他再次写信给新九，信中说：

你老母近状如何？全家大小怎样？各至戚家情形怎样？地方情形怎样？日用所需价格怎样？家中耕种畜牧情形怎样？务请你详细列表写告！我甚不愿意你十分闭塞，对于亲戚邻近人家也要时常走谈一下，讨论谋生处世的事，一切劳力费财的事，总要仔细想想。要于现时人生有益的才做。幸福绝不是天地鬼神赐给的，病痛绝不是时运限定的，都是人自己造成的。此理苟不明白，碌碌忙忙，一生没有出头一日。我平生对于过去的失败，绝不懊悔；未来的侥幸，绝不强求；只我现在应做的事，不敢稍为放松，所以免去许多烦恼。你能学得否？

在信中，何叔衡对儿子的成长以及为人处世极为关心，他还把自己的人生观跟儿子分享，希望儿子能够明白，幸福绝不是天地鬼神赐给的，病痛绝不是时运限定的，都是人自己造成的，鼓励儿子要明白这些道理，踏踏实实做好应该做的事情。

信中这一句句朴实的话语，说的基本都是农村的琐事，并没有大道理，没有什么豪言壮语，表现出何叔衡对家人的无限牵挂，以及一个革命者把生死置之度外的博大胸怀。

19 结束语

今天，写作这本关于何叔衡革命故事的小册子时，正值国庆前夕，举国欢庆，北京街头，全国各地，到处洋溢着节日的气氛。此时，距何叔衡牺牲已经85年。80余年时光过去，我们党不忘初心、牢记使命，团结带领全国各族人民战胜了一个又一个艰难险阻，创造了一个又一个彪炳史册的人间奇迹，中华民族迎来了从站起来、富起来到强起来的伟大飞跃。

看着庆祝新中国成立70周年大阅兵的雄壮场面，看着天安门城楼上悬挂着的毛泽东主席的画像，脑海中不禁再一次浮现出何叔衡的身影。1931年何叔衡赴中央苏区之前，他的两个女儿及女婿杜延庆仍然留在国统区坚持斗争。临行前，何叔衡把女儿女婿找到一起吃了一顿饭，算是告别。

何叔衡知道孩子们继续在国统区工作的危险，但他没有向组织提出要带着孩子们一起去苏区的要求，他鼓励孩子们，作为共产党员就应该是不怕死的。从入党的那一刻起，就把自己的一切包括自己的生命完全交给党了。他又重读了自己赴苏联时改写的那首诗，并特别解释了"此生合是忘家客"一句，意思是：革命者就要抱定舍身忘家的决心。

是啊，何叔衡从参加革命，就抱定了"忘家"的决心，他以身许党许国，为党的伟大事业流尽最后一滴血。今天，我们可以自信而豪迈地说：这盛世，如你所愿！

今天的中国，信息畅通，公路成网，铁路密布，高坝矗立，西气东输，南水北调，高铁飞驰，巨轮远航，飞机翱翔，天堑变通途。这，不正是何叔衡同志用生命为之奋斗的美好生活？

短短几十年时间，当代中国实现了从落后时代到赶上时代、引领时代的伟大跨越。回望来时的路，这条路是包括何叔衡在内的无数革命先烈用鲜血和生命铺就的。走得再远，走到再光辉的未来，我们也不能忘记为今天的幸福生活作出卓越贡献和英勇牺牲的革命先烈。

　　谨此为记。

图书在版编目（CIP）数据

何叔衡 / 张树军主编；徐玉凤编著 . -- 北京：学习出版社，
2020.9（2021.5重印）

（中华先烈人物故事汇）

ISBN 978-7-5147-1009-0

Ⅰ . ①何… Ⅱ . ①张… ②徐… Ⅲ . ①何叔衡（1876-
1935）—传记 Ⅳ . ①K827=6

中国版本图书馆CIP数据核字（2020）第148151号

何叔衡
HE SHUHENG

主编/张树军　　副主编/王相坤　　编著/徐玉凤

责任编辑：李　岩　王　洋　　封面绘画：徐玉华
技术编辑：贾　茹　　　　　　　内文插图：刘胜军
美术编辑：杨　洪

出版发行：学习出版社
　　　　　北京市东城区崇外大街11号新成文化大厦B座11层
　　　　　（100062）
　　　　　010-66063020　010-66061634　010-66061646
网　　址：http://www.xuexiph.cn
经　　销：新华书店
印　　刷：北京市密东印刷有限公司

开　　本：787毫米×1092毫米　1/32
印　　张：4.875
字　　数：69千字
版次印次：2020年9月第1版　2021年5月第2次印刷

书　　号：ISBN 978-7-5147-1009-0
定　　价：19.00元

如有印装错误请与本社联系调换，电话：010-67081356